신방수 세무사의
부동산 거래 전에
자금출처부터 준비하라!

머리말

그동안 수많은 정부의 부동산 대책이 있었다. 알다시피 이의 주요 수단은 대출과 세제였다. 하지만 그런 대책이 나올 때마다 시장에 잠깐 영향을 줄 뿐 그 효과는 그리 오래가지 않았다. 대출규제는 현금 부자들에게는 통하지 않았고, 세제는 그 효과가 나타나기까지 상당한 시간이 소요되었기 때문이었다. 이에 정부는 즉각적인 효과를 거두기 위해 자금출처조사 카드를 꺼내들곤 했다. 하지만 이에 대해서도 생각만큼 효과가 그리 크지 않았다. 시장 참여자들은 이에 대한 대비를 충분히 하고 있었기 때문이다.

그런데 요즘 돌아가는 분위기가 심상치 않다. 자금출처조사가 사실상 관할 지자체와 세무서에서 이원화로 이루어지고 있기 때문이다. 우선 주택을 취득하면 관할 지자체에 자금조달계획서와 거래증빙을 제출한다. 그리고 이후 부동산 거래신고에 대한 검증을 받게 된다. 이때 문제가 있는 것들은 선별적으로 관할 세무서에 통보되어 강도 높은 조사가 진행된다. 물론 이 과정에서 법을 위배한 사실이 발견되면 3천만 원 이하의 과태료가 부과되는 한편, 각종 세금이 추징된다.

이 책은 이러한 배경 아래 부동산 거래당사자 등이 거래 전에 반드시 알아야 할 자금조달계획서와 거래증빙제출제도, 그리고 자금출처조사 등에 대한 실무적인 정보와 해결책을 제공하기 위해 집필되었다.

이 책의 특징들을 요약하면 다음과 같다.

첫째, 자금출처에 대한 법률상의 쟁점을 전문적으로 다뤘다.

자금출처와 관련된 조사업무가 관할 지자체와 세무서에서 동시에 진행되다 보니 시장 참여자들이 상당히 혼란한 모습을 보이고 있다. 시행되는 제도들이 생소하거니와 조사 등이 어떤 식으로 이루어지는지 알기가 힘든 까닭이다. 따라서 부동산 거래를 안전하게 하기 위해서는 거래 전에 이와 관련된 다양한 법률지식을 쌓아야 할 필요성이 높아졌다. 이 책은 이러한 관점에서 부동산거래신고법 및 상속세 및 증여세법 등을 위주로 실무에 필요한 내용들을 빠짐없이 분석했다.

이 책의 주요 내용을 살펴보면 다음과 같다.

- 제1장 자금출처조사가 핵심인 이유
- 제2장 자금출처조사를 대비하기 위한 필수 세무지식
- 제3장 자금출처조사제도의 개관
- 제4장 지자체에의 부동산 거래신고
- 제5장 실전 자금조달계획서 작성법
- 제6장 실전 취득자금출처조사와 소명서 작성법
- 제7장 1인 부동산 법인에 대한 자금출처조사
- 제8장 자금출처조사 예방법과 셀프 증여세 신고법

둘째, 자금조달계획서 및 자금출처 소명서 작성법 등 실무적인 내용을 다뤘다.

현재 시행되고 있는 자금조달계획서와 거래증빙 제출제도는 대부분 자금출처조사와 직결이 된다. 따라서 자금출처조사에서 고충을 겪지 않기 위해서는 이들을 제출하기 전에 다양한 세무 등의 쟁점들을 정리할 필요가 있다. 이 책은 이러한 관점에서 자금조달계획서를 작성할 때 어떤 점에 유의해 각 항목을 작성해야 하는지, 자료 제출은 어떤 식으로 해야 하는지 등을 중점적으로 다뤘다. 한편 이러한 자료들이 제출된 이후에는 관할 지자체에서 조사가 있을 수 있고, 더 나아가 관할 세무서에서 자금출처에 대한 소명을 요구받을 수 있다. 따라서 이러한 일이 발생했을 때 어떤 식으로 대처해야 하는지 등도 아울러 분석했다.

셋째, 부동산 취득주체별로 자금출처조사에 대비할 수 있는 방법들을 제시했다.

자금출처조사는 부동산 취득자금에 대한 조사에서 끝나는 것이 아니라, 사업체 등에 대한 조사로 이어질 수 있다. 따라서 부동산 취득부터 이에 대한 대비를 철저히 해둬야 낭패를 당하지 않는다. 이 책은 이러한 관점에서 근로소득자나 개인사업자, 그리고 요즘 점점 강화되는 1인 부동산 법인 등에 대한 조사의 사례 등을 나열

하고, 스스로 자금출처조사 등에 대비할 수 있도록 다양한 기법들을 소개했다.

 이 책은 국내 최초로 자금출처와 관련된 내용만을 담은 책에 해당한다. 20여 년 동안 수십 권의 책을 쓰고, 현장에서 활동하고 있는 현직세무사로서 터득한 이론과 실무 내용을 그대로 반영했다. 따라서 이 책은 자금조달계획서 작성 때부터 어려움을 겪는 거래당사자들은 물론이고, 거래를 중개하는 공인중개사분들이 보면 좋을 것이다. 더 나아가 부동산 거래실무를 감독하고 있는 관할 지자체나 세무서에서의 종사자는 자금출처에 관련된 실무처리방법을 익힐 수 있으며, 기타 1인 부동산 법인 운영자나 세무업계, 그리고 평소 실력을 연마하고 싶은 일반인들에게도 유용한 지침서가 될 것으로 기대한다.

 이 책은 일반 독자들의 눈높이에 맞춰 최대한 알기 쉽게 썼다. 하지만 책에 모든 내용을 싣기 힘들어 일부 내용이 누락될 수 있고, 내용이 불충분할 수 있다. 이 부분은 개정판을 낼 때 보완해 나갈 것을 약속드린다. 책을 읽다가 궁금한 사항이 있으면 언제든지 저자가 운영하고 있는 '신방수세무아카데미' 네이버 카페를 찾기 바란다. 여기에서는 실시간 세무상담은 물론이고, 수많은 정보들을 손쉽게 획득할 수 있다.

이 책은 많은 분들의 도움을 받아 출산되었다.
우선 늘 저자를 응원해주는 '신방수세무아카데미' 네이버 카페 회원들의 도움이 컸다. 이분들의 관심과 성원에 힘입어 원고를 완성할 수 있었다. 또한 출판사의 배성분 팀장님과 공민호 실장님께도 감사의 말씀을 드린다. 이외에도 항상 가족의 안녕을 위해 기도하는 아내 배순자와 대학생이 된 큰딸 하영이와 작은 딸 주영이에게 감사의 뜻을 전한다.

역삼동 사무실에서
세무사 신방수

Contents

머리말 ······ 5
| 일러두기 | ······ 14

제1장 자금출처조사가 핵심인 이유
- **01** 그동안 부동산 대책의 효과가 크지 않았던 이유는? ······ 17
- **02** 세무조사 카드의 약발이 오래가지 않았던 이유는? ······ 21
- **03** 최근 자금출처조사가 강화된 이유는? ······ 25
- **04** 자금조달계획서의 제출과 자금출처조사와의 관계는? ······ 28
- **05** 최근에 개정된 자금조달계획서 관련 내용은? ······ 34
- **06** 국세청 자금출처조사의 동향은? ······ 40
- **07** 정부의 부동산 조사에 대한 대비법은? ······ 47
- | **심층분석** | 정부의 각종 조사로 예상되는 불이익들 ······ 51

제2장 자금출처조사를 대비하기 위한 필수 세무지식
- **01** 증여인지, 아닌지의 구별은 어떻게 하는가? ······ 55
- **02** 차입과 증여에 대한 구분기준은? ······ 60
- **03** 금전의 무상 또는 저리차입에 따른 증여세 과세는? ······ 64
- **04** 향후 쟁점이 될 재산가치 증가에 따른 증여세 과세는? ······ 68
- **05** 신고하지 않은 소득에서 온 자금에 대한 과세방식은? ······ 73
- **06** 미신고에 따른 가산세는 얼마나 나올까? ······ 79
- **07** 조세범 처벌은 어떤 경우에 받는가? ······ 83
- **08** 차명 부동산은 어떤 문제가 있고, 어떻게 해야 하는가? ······ 88
- | **심층분석 ①** | 부동산실명법에 대한 이해 ······ 92
- | **심층분석 ②** | 자금이동 시 주의해야 할 제도들 ······ 95

제3장 자금출처조사제도의 개관

- **01** 자금출처조사의 근거 법률은? …… 101
- **02** 재산취득자금에 대한 증여추정은 어떻게 적용하는가? …… 105
- **03** 채무의 상환에 대한 증여추정은 어떻게 적용하는가? …… 111
- **04** 취득자금출처조사에 대한 대비는? …… 114
- **05** 자금출처 입증 시 통장 거래내역서는 꼭 제출해야 할까? …… 119
- **06** 가족으로부터 빌린 돈은 어떻게 입증할까? …… 123

| **심층분석** | 금전소비대차^{차용증} 관련 Q&A …… 128

제4장 지자체에의 부동산 거래신고

- **01** 부동산 거래신고는 어떻게 할까? …… 133
- **02** 자금조달계획서와 입주계획서의 제출 취지는? …… 140
- **03** 자금조달계획서는 어떻게 제출해야 하는가? …… 146
- **04** 거래증빙자료는 어떻게 제출하는가? …… 152
- **05** 자금조달계획서 등 관련 과태료는? …… 158

| **심층분석** | 과태료의 부과·징수와 부과방법 …… 163

제5장 실전 자금조달계획서 작성법

01 자금조달계획서 작성 시 참고할 사항은? …… 167
02 최근 개정된 자금조달계획서 작성 시 주의해야 할 것은? …… 171
03 자기자금 항목 기재 시 주의해야 할 사항은? …… 175
04 차입금^{타인자금}과 관련해 주의해야 할 사항은? …… 180
05 투기과열지구 내 자금조달계획서는 어떻게 작성하는가? …… 184
06 조정대상지역 내 자금조달계획서는 어떻게 작성하는가? …… 189
07 비규제지역 내 자금조달계획서는 어떻게 작성하는가? …… 192
08 조달자금 지급방식 작성 시 주의할 점은? …… 195
09 부동산 거래신고의 검증과 조사는 어떻게 될까?
그리고 소명서 제출은? …… 200

제6장 실전 취득자금출처조사와 소명서 작성법

01 자금출처조사는 어떻게 시작되는가? …… 213
02 국세청의 자금출처조사는 2가지 유형이 있다고 한다.
어떤 것들이 있는가? …… 217
03 국세청의 자금출처조사 업무절차는? …… 220
04 자금출처 해명요구에 납세자의 대응법은? …… 224
05 근로소득자의 자금출처 소명서 작성은? …… 227
06 개인사업자의 자금출처조사 소명서 작성은? …… 230
07 자금출처조사 관련 알아둬야 할 것들 Q&A …… 234

| **심층분석 ①** | 소득금액증명원을 읽는 법 …… 238
| **심층분석 ②** | 부담부증여와 부채에 대한 사후관리 …… 240
| **심층분석 ③** | 자금출처조사를 불러일으키는 행위들 …… 242

제7장 1인 부동산 법인에 대한 자금출처조사

- **01** 법인도 자금출처조사를 받는가? …… 247
- **02** 법인용 부동산거래신고서식이 별도로 신설된 이유는? …… 250
- **03** 법인이 자금조달계획서 관련 개정 사항은? …… 254
- **04** 점점 강화되는 정부의 규제 속에서 법인들이 주의해야 할 것들은? …… 256

| **심층분석** | 법인세 세무조사 사례 …… 262

제8장 자금출처조사 예방법과 셀프 증여세 신고법

- **01** 자금출처조사 예방법은? …… 273
- **02** 증여세 신고는 어떻게 하면 좋을까? …… 276
- **03** 증여세 신고 시 주의할 것 중의 하나는 사전에 증여한 재산이 있는 경우다. 왜 그럴까? …… 282

※ 일러두기

이 책을 읽을 때에는 다음 사항에 주의하시기 바랍니다.

1. 개정세법의 확인

이 책은 2021년 8월에 적용되고 있는 세법을 기준으로 집필되었습니다. 실무에 적용 시에는 그 당시의 개정세법 등을 확인하는 것이 좋습니다. 세무전문가인 세무사의 확인을 받도록 하시기 바랍니다.

2. 용어의 사용

이 책은 다음과 같이 용어를 사용하고 있습니다.

- 상속세 및 증여세법 → 상증법
- 상속세 및 증여세법 시행령 → 상증령

3. 기타 정보의 확인

· 조정대상지역 등에 대한 정보
 조정대상지역, 투기과열지구 등에 대한 지정 및 해제정보는 '대한민국 전자관보(http://gwanbo.mois.go.kr)'에서 확인할 수 있습니다.

· 자금조달계획서 등에 대한 정보
 법제처 홈페이지에서 '부동산 거래신고 등에 관한 법률'을 통해 관련 내용을 확인할 수 있습니다. 참고로 2020년 6월 19일에 발표된 자금조달계획서 확대 제출 등과 관련된 내용은 39페이지에 정리되어 있습니다.

4. 책에 대한 문의 및 세무상담 등

책 표지 안 날개 하단을 참조하시기 바랍니다.

자금출처조사가 핵심인 이유

그동안 부동산 대책의 효과가 크지 않았던 이유는?

최근 정부의 부동산 시장에 대한 규제가 상당히 거세다. 저금리를 바탕으로 한 시중의 유동자금이 넘쳐흐르면서 갈 곳을 잃은 자금들이 대거 부동산 시장에 흘러들어와 부작용을 일으키자 정부가 선보일 수 있는 대부분의 카드가 동원되었기 때문이다. 그렇다면 현재 시점에서 어떤 것들이 도입되어 작동되고 있는지 대략적으로 정리해보고 이에 대해 평가를 해보자.

먼저 어떤 제도들이 부동산 시장에 영향을 미치고 있는지부터 살펴보자.

첫째, 대출이 강화되었다.

현재 금융권을 통한 주택에 대한 대출정책은 규제지역과 비규제지역으로 나뉘어 극명하게 갈리고 있다. 여기서 규제지역은 투기과열지구와 조정대상지역을 말한다. 이들은 주로 서울을 위시한 수도 권의 중심도시로 지정되어 있다. 자세한 내용은 '대한민국 전자관보'에서 확인할 수 있다.

- **규제지역** : 거래가액 9억 원이 넘는 고가주택에 대해서는 대출한도가 대폭 축소되었다. 예를 들어 투기과열지구의 경우 15억 원 초과주택은 대출한도가 0%, 9억 원~15억 원 사이는 20%, 조정대상지역의 경우 9억 원 초과분은 30% 등으로 시행되고 있다.
- **비규제지역** : 투기과열지구와 조정대상지역 외의 지역에 대해서는 대출규제가 적용되지 않고 있다.

이처럼 대출규제는 규제지역을 중심으로 이루어지고 있다.

둘째, 세제도 강화되었다.

새 정부가 들어오면서 부동산 대책이 상당히 많이 들어왔는데, 그중 가장 핵심적인 제도에는 역시 세제가 있었다. 그 결과 실제 주택 시장의 경우 1주택자부터 다주택자까지 다양한 형태로 세제가 강화되었다. 주요 내용만 살펴보자.

- **1주택자** : 조정대상지역을 중심으로 2년 거주요건이 도입되었다.
- **일시적 2주택자** : 조정대상지역을 중심으로 종전주택의 처분기한이 3년에서 2년 또는 1년으로 단축되었다. 한편 2021년부터 비과세 요건 중 2년 이상 보유기간 요건 기산일이 '양도일'에서 '최종 1주택을 보유한 날'로 변경되었다.[1]

---

1) 따라서 2021년 1월 1일 이후에 양도소득세 비과세를 받기 위해서는 평소에 1주택(일시적 2주택) 비과세 조건을 충족한 상태를 만들어둬야 한다.

- **주택임대사업자의 거주주택** : 평생 1회만 비과세하는 것으로 세법이 개정되었다.
- **이외** : 다주택자들을 중심으로 종합부동산세가 올라가고, 양도소득세 중과세가 여전히 작동되고 있다.

그렇다면 전통적으로 부동산 시장을 규율해오던 앞의 두 가지 요소가 그렇게 큰 영향을 주지 못한 이유는 무엇일까?

첫째, 대출의 경우를 보자.

알다시피 대출규제는 자금을 보유하지 않은 층들을 겨냥한 제도에 해당한다. 따라서 자금력이 풍부한 층에게는 이 규제정책은 무용지물이 되곤 한다.

둘째, 세제의 경우를 보자.

이는 자금력이 풍부한 층에게 더 많은 영향을 준다. 수익률을 낮추는 제도에 해당하기 때문이다. 하지만 세제는 주로 부동산을 처분할 때 영향을 미치는 경우가 많고, 이를 피하는 방법들(예 : 법인 설립 등)이 상당히 많아 뒷북 정책수단이 되어 부동산 시장을 규율하는 데에는 한계가 있었다.

결국 그동안의 수많은 대책들이 나왔지만, 그렇게 큰 위력이 없었던 것은 바로 이러한 연유에 기인한 결과가 컸다.

Tip 거래단계별 정부의 대책 요약

취득	보유	양도
대출정책·취득세 강화	보유세 강화	양도세 강화
세무조사[2]	임대소득세 조사 강화	

세법은 주로 조정대상지역에 대해서만 규제를 하지만, 대출정책과 부동산 거래조사는 조정대상지역과 투기과열지구 모두에 대해 규제한다. 참고로 2021년 8월 현재 투기과열지구로 지정된 지역은 대부분 조정대상지역에 속해 있다.

---

2) 자금조달계획서의 제출과 거래증빙 제출은 거래금액 타당성 조사, 자금출처조사 등 각종 조사를 위한 선행 조치에 해당한다고 할 수 있다.

세무조사 카드의 약발이 오래가지 않았던 이유는?

　부동산 자금출처조사는 바로 앞에서와 같은 상황에서 등장한 카드에 해당한다. 이는 부동산 취득사실에 기반을 하고 있어 조사대상자를 가리는 것도 쉽고, 마음만 먹으면 언제든지 조사를 할 수 있기 때문이다. 그래서 부동산 대책의 하나로 이 카드가 자주 사용되곤 했다. 하지만 그동안 자금출처조사는 기대만큼 효과가 없었다. 생각보다 파괴력이 크지 않았기 때문이다. 왜 그랬을까? 그 이유를 살펴보자.

첫째, 자금출처대상자가 많지 않았기 때문이다.
　부동산 자금출처조사는 강력한 부동산 대책의 하나에 해당되는 것은 틀림이 없다. 하지만 모든 부동산 취득자 중 극히 일부에 대해서만 선별적으로 조사대상자를 선정하다 보니 이 제도를 무시하는 경향이 팽배했다.

둘째, 걸리면 세금을 내면 그만이라는 인식이 있었기 때문이다.

실제 자금출처조사를 받더라도 세금을 내면 된다는 그런 풍조도 있었다. 어차피 자금출처조사를 받을 가능성은 거의 없고, 만약 걸리더라도 원래 내야 하는 증여세만 내면 된다는 생각들이 많았던 것이다. 사실 주위를 둘러봐도 실제 자금출처조사를 받는 경우는 흔치 않다.

셋째, 차용증으로 문제점을 비켜 나갈 수 있었기 때문이다.

그동안 자금출처조사가 그렇게 위력이 없었던 이유 중 하나는 차용증에 대한 세법의 태도였다. 돈을 빌려왔다고 입을 맞추고 문서를 작성해두면, 이를 증여로 과세할 수 있는 방법이 사실상 없었기 때문이다.

넷째, 조사를 피할 수 있는 수단이 많았기 때문이다.

자금출처조사는 예전부터 존재한 제도로 부동산 취득자들 대부분은 이 제도가 있다는 것 정도는 인지하고 있다. 그래서 이를 피할 수 있는 방법을 찾곤 했다. 예를 들어 앞에서 언급된 차용증이라든지, 전세보증금을 활용한 투자(갭 투자), 법인을 통한 투자 등이 그 예에 해당한다. 이러한 수단으로 자금출처조사의 효과가 반감되는 경우가 많았다.

다섯째, 세법이 허술한 것도 하나의 이유가 되었다.

자금출처조사는 세법에 기초해 실시되는 세무행정에 해당한다. 이는 상속세 및 증여세법(이하 '상증법') 제45조 증여추정 규정에 따라 실시되는데, 이 법 자체가 허술한 감이 있다. 예를 들어 증여추정은 거래 당사자들이 증여가 아님을 입증하면 증여에서 제외하는데, 이때 원칙적으로 소득자료를 가지고 하도록 하고 있다. 알다시피 소득자료는 실제 현금흐름이 아니므로 실제 취득자금과는 차이가 있을 수 있다. 이외에도 부채에 대한 사후관리 등도 법에서 강제하고 있지 않고, 훈령 등에 기반으로 하고 있어 이를 집행하는 데 어려움이 있었고, 세금을 부과할 수 있는 기간(부과제척기간)이 느슨해 과거 탈세한 자금으로 재산을 취득해도 과세할 수 없는 일들이 일어나기도 했다.

여섯째, 차명거래에 대한 판독능력이 약한 것도 하나의 이유가 되었다.

주식이나 부동산 등의 거래 중에 세금을 피하기 위해 차명거래를 선택한 경우가 왕왕 있다. 세법은 이를 아주 좋지 않는 방법으로 보고, 상증법 제45조의 2에서 증여로 의제한다. 즉 세법에서 정한 내용에 해당하면 납세자에게 반증의 기회를 주지 않고, 무조건 증여로 본다는 것이다.

그런데 문제는 이를 적용할 때 부동산은 제외한다. 차명 부동산에 대해서는 세법이 아닌 부동산실명법에서 규율하고 있기 때문이다. 하지만 이 법은 사실상 사문화된 규정에 해당한다. 실제 이를 적용하고, 관리할 감독기관이 유명무실하기 때문이다. 다음의 팁을 보면 요즘 정부에서 여러 기관들이 모여 합동조사를 하지만, 명의신탁(차명)과 관련해 문제가 되는 경우는 극히 드문 것도 이러한 주장을 뒷받침하고 있다.

Tip 정부의 3차 합동 조사의 결과

아래는 최근 정부에서 실시한 부동산 관련 합동조사의 결과를 요약한 것이다. 구체적으로 2019년 11월 서울 등 투기과열지구에서 신고된 부동산 거래 1만 6,652건 중 이상 거래 1,694건을 추출하고, 이 중 1,608건에 대한 조사를 완료한 후의 조치에 해당한다. 이 조사결과를 보면 현재 정부의 합동조사는 대부분 국세청의 자금출처조사와 관련이 있음을 알 수 있다.

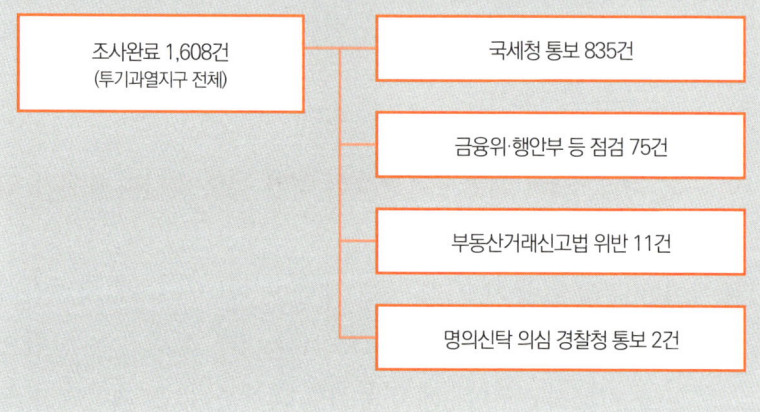

최근 자금출처조사가 강화된 이유는?

최근 자금출처조사가 부동산 시장에서 핵으로 등장하고 있다. 왜 그럴까? 이는 다름이 아닌 정부에서 이 제도를 실효성 있게 만들기 위해 대책을 정교히 세웠기 때문이다. 그중 가장 설득력이 있는 것은 바로 조사업무를 지자체와 정부로 이원화한 것이다. 관할 지자체에서 기본적인 조사를 하고, 문제가 있는 경우 관할 세무서에서 심층조사하는 구조로 되어 있다. 부동산 거래 당사자 등은 이러한 환경변화에 유의할 필요가 있다.

1. 관할 지자체의 부동산 거래 조사

관할 지자체는 주로 부동산 거래 시 거래가격에서 왜곡이 있는지에 초점을 맞춰 조사가 이루어진다. 세금을 줄이기 위해 거래금액을 낮추었는지, 아니면 담합을 해 거래금액을 높였는지 등을 중점적으로 조사하게 된다. 물론 조사는 마음대로 하는 것이 아니므로 법 절차에 따라야 한다. 이에는 부동산 거래신고 관련 법률(이하 '부동산거래신고법'), 공인중개사법 등이 있다. 참고로 부동산거래신고법 제4조에서는 부동산 거래와 관련해 다음의 행위들을 금지하고 있다. 이러한 행위를 위반하면 최고 3천만 원의 과태료를 부과한다.

> 누구든지 제3조[3] 또는 제3조의 2[4]에 따른 신고에 관하여 다음 각 호의 어느 하나에 해당하는 행위를 하여서는 아니 된다.
>
> 1. 개업공인중개사에게 제3조에 따른 신고를 하지 아니하게 하거나 거짓으로 신고하도록 요구하는 행위
> 2. 제3조 제1항 각 호의 어느 하나에 해당하는 계약을 체결한 후 같은 조에 따른 신고 의무자가 아닌 자가 거짓으로 같은 조에 따른 신고를 하는 행위
> 3. 거짓으로 제3조 또는 제3조의 2에 따른 신고를 하는 행위를 조장하거나 방조하는 행위
> 4. 제3조 제1항 각 호의 어느 하나에 해당하는 계약을 체결하지 아니하였음에도 불구하고 거짓으로 같은 조에 따른 신고를 하는 행위
> 5. 제3조에 따른 신고 후 해당 계약이 해제 등이 되지 아니하였음에도 불구하고 거짓으로 제3조의 2에 따른 신고를 하는 행위

앞과 같이 부동산 거래단계부터 조사가 강화되면 거래가격을 조작하거나 담합할 가능성이 줄어든다. 그런데 요즘은 여기에서 더 나아가 거래단계에서부터 증여세 등의 탈세 혐의를 잡아내는 식으

---

[3] 부동산거래신고법에 다른 부동산 거래신고를 말한다.
[4] 부동산 거래신고 후 해당 거래계약이 해제, 무효 또는 취소되는 경우의 변경 신고를 말한다.

로 지자체의 행정이 진화되고 있다. 특히 최근 자금조달계획서와 거래증빙 제출의무가 신설되어 이를 검증하는 과정에서 탈세 혐의가 적발될 가능성이 높아지고 있다.

2. 국세청의 자금출처조사

이는 부동산 등 재산을 취득하거나 부채를 상환할 때 그 자금의 조달원천을 조사해 증여세를 부과하는 제도에 해당한다. 따라서 이의 원천이 본인 자금에서 온 경우라면 세법상 아무런 문제가 없다.

하지만 본인 자금이라도 출처가 불명확하거나 세금을 피한 자금이라면 문제가 있다. 그런데 타인자금에서 이러한 일들이 발생한 경우라면 문제가 더 커질 가능성이 높다.

국세를 책임지고 있는 국세청은 부동산의 취득을 매개로 그동안 사각지대에 있던 편법과 탈법행위를 적발해 법에 따라 처리를 하게 된다. 다만, 그동안은 인력 등의 한계로 인해 자금출처조사가 제대로 시행되지 못했지만, 2020년 3월 이후부터는 관할 지자체에서 넘어온 자금조달계획서 등의 정보를 폭넓게 활용하게 되어 조사의 범위 및 강도가 상당히 세지고 있다.

거래 당사자	관할 지자체	관할 세무서
부동산 거래신고	접수	관할 지자체 조사결과 통보받음.
자금조달계획서 및 거래증빙 제출	거래 내용 조사	세무조사 착수

제1장 자금출처조사가 핵심인 이유

자금조달계획서의 제출과 자금출처조사와의 관계는?

 앞으로 자금조달계획서는 부동산 대책에서 매우 중요한 역할을 하게 될 것으로 보인다. 이를 바탕으로 관할 지자체와 관할 세무서에서의 조사가 동시다발적으로 일어날 가능성이 높기 때문이다. 그렇다면 이 자금조달계획서와 자금출처조사는 어떤 관계가 있을까? 이를 이해하는 것은 앞으로 이 책을 읽는 데 상당히 중요한 역할을 할 것이다.

1. 자금조달계획서

1) 자금조달계획서의 제출

 자금조달계획서는 부동산을 취득할 때 소요되는 자금에 대한 조달계획을 기재한 문서를 말한다. 즉 부동산 취득자금을 어떤 식으로 조달할 것인지를 구체적으로 기록하는 문서를 말한다. 이 문서는 계약일로부터 30일 내에 관할 지자체에 제출하게끔 되어 있다. 다만, 모든 거래에 대해 제출하는 것은 아니다. 이렇게 해서는 국민 생활을 불편하게 만들 수 있기 때문이다. 현행 부동산거래신고법에서는 다음과 같이 이를 제출하도록 하고 있다.

- 투기과열지구와 조정대상지역 : 거래된 모든 주택·입주권·분양권(이하 주택 등)
- 이외 비규제지역 : 거래금액이 6억 원 이상인 주택 등

자기 자금	② 금융기관 예금액 원		③ 주식·채권 매각대금 원
	④ 증여·상속 원		⑤ 현금 등 그 밖의 자금 원
	[ ]부부 [V]직계존비속 (관계 : 부) [ ]그 밖의 관계 ( )		[ ]보유 현금 [ ]그 밖의 자산 (종류 :)
	⑥ 부동산 처분대금 등 원		⑦ 소계 원
차입금 등	⑧ 금융기관 대출액 합계 원	주택담보대출	원
		신용대출	원
		그 밖의 대출 (대출 종류 :)	원
	기존 주택 보유 여부(주택담보대출이 있는 경우만 기재) [V]미보유 [ ]보유 (건)		
	⑨ 임대보증금 등 원		⑩ 회사지원금·사채 등 원
	⑪ 그 밖의 차입금 원		⑫ 소계
	[ ]부부 [ ]직계존비속(관계 :) [ ]그 밖의 관계( )		원
⑬ 합계			

자금조달계획서 작성법 및 제출 등에 대해서는 뒤에서 자세히 살펴본다.

2) 거래증빙의 제출

거래증빙은 앞의 자금조달계획서상의 금액을 확인하기 위한 구체적인 거래증빙을 말한다. 예를 들어 앞의 표의 자기자금란에 '금융기관 예금액'이 3억 원으로 기재되었다면, 이를 확인하기 위해 은행에서 발급한 잔액증명서를 제출해야 한다는 것이다. 이러한 거래증빙은 기재사실을 확인하기 위한 것으로 상당히 중요한 의미를 내포하고 있다. 현행 부동산거래신고법은 다음과 같은 경우에만 이를 제출하도록 하고 있다.

· 투기과열지구 : 거래된 모든 주택 등

항목별		증빙자료
자기 자금	금융기관 예금액	예금잔액증명서 등
	주식·채권 매각대금	주식거래내역서, 잔고증명서 등
	증여·상속	증여·상속세 신고서, 납세증명서 등
	현금 등 그 밖의 자금	소득금액증명원, 근로소득원천징수영수증 등 소득 증빙 서류
	부동산 처분대금 등	부동산매매계약서, 부동산임대차계약서 등
차입금 등	금융기관 대출액 합계	금융거래확인서, 부채증명서, 금융기관 대출신청서 등
	임대보증금 등	부동산임대차계약서
	회사지원금·사채 등 또는 그 밖의 차입금	금전 차용을 증빙할 수 있는 서류 등

참고로 법인은 거래금액과 무관하게 자금조달계획서를 제출하고 투기과열지구 내에서는 거래증빙도 제출해야 한다. 따라서 법인은 개인보다 광범위한 규제가 적용된다고 할 수 있다.

3) 신고 내용의 검증 및 조사

이처럼 자금조달계획서와 거래증빙을 제출받은 지자체에서는 해당 내용을 검증하게 된다.[5] 그리고 이 과정에서 거래금액 등에 대해 자료 제출 요구 및 소명을 요구할 수 있도록 부동산거래신고법이 마련되어 있다. 이 과정에서 법을 위반한 사항이 발견되면 다양한 형태의 과태료를 부과하게 된다. 이때 과태료는 다음과 같은 행위에 대해 나올 가능성이 높다.

- 거짓신고(다운 또는 업)
- 거짓신고(위 다운 및 업 가격 외)
- 자료미제출, 거짓자료제출
- 미신고·지연신고 적발 등

2. 자금출처조사

부동산 취득자금을 본인의 자금이 아닌, 타인으로부터 무상으로 받은 후 취득하면 그 자체가 증여에 해당한다. 그런데 이러한 사실을 숨기면 증여세를 과세하기가 상당히 힘들어진다. 그래서 상증

---

[5] 국토교통부장관은 효율적인 검증체계의 운영 및 관리 등을 위하여 부동산 거래가격 검증체계의 운영에 관한 업무를 「한국감정원법」에 따른 한국감정원(수탁기관)에 위탁할 수 있다(부동산 거래가격 검증체계 운영 및 신고 내용 조사 규정 제4조).

법 제45조에서는 다음과 같은 증여추정 규정을 둬 부동산 취득자에게 증여가 아님을 입증하도록 해 이를 입증하지 못하면 증여세를 과세하는 식으로 대응하고 있다.

> ① 재산취득자의 직업, 연령, 소득 및 재산 상태 등으로 볼 때 재산을 자력으로 취득하였다고 인정하기 어려운 경우로서 대통령령으로 정하는 경우에는 그 재산을 취득한 때에 그 재산의 취득자금을 그 재산취득자가 증여받은 것으로 추정하여 이를 그 재산취득자의 증여재산가액으로 한다.

이 내용을 보면 부동산을 취득한 경우 직업이나 연령 등의 요소를 고려해 증여받은 것으로 추정하며, 이를 확인하는 차원에서 조사가 이루어지게 된다. 이를 실무에서는 '자금출처조사'라고 한다. 만일 이 과정에서 증여임이 확인되면 증여세와 무신고에 따른 가산세 등을 부과한다. 물론 증여임이 확인되지 않으면 증여세가 부과되지 않는다. 하지만 증여세 외의 다른 세목에 대한 세법상의 문제가 파생하면 그에 따른 세금이 추징되기도 한다. 이러한 관점에서 보면 국세청에서 행하는 자금출처조사가 상당히 파괴력이 있다고 하는 것이다.

3. 둘의 관계

자금조달계획서와 자금출처조사는 다른 제도에 해당함을 알 수 있다. 그렇다면 이 둘은 어떤 관계에 있을까?

이를 이해하려면 자금조달계획서를 제출받은 관할 지자체(수탁기관인 감정원 포함)가 어떤 업무를 하는지 점검하는 것이 좋다. 다음 부동산거래신고법 제5조를 참조하자.

① 국토교통부장관은 제3조에 따라 신고받은 내용, 「부동산 가격공시에 관한 법률」에 따라 공시된 토지 및 주택의 가액, 그 밖의 부동산 가격정보를 활용하여 부동산 거래가격 검증체계를 구축·운영해야 한다.

② 신고관청은 제3조에 따른 신고를 받은 경우 제1항에 따른 부동산 거래가격 검증체계를 활용하여 그 적정성을 검증해야 한다.

③ 신고관청은 제2항에 따른 검증 결과를 해당 부동산의 소재지를 관할하는 세무관서의 장에게 통보하여야 하며, 통보받은 세무관서의 장은 해당 신고 내용을 국세 또는 지방세 부과를 위한 과세자료로 활용할 수 있다.

④ 제1항부터 제3항까지에 따른 검증의 절차, 검증체계의 구축·운영, 그 밖에 필요한 세부 사항은 국토교통부장관이 정한다.

관할 지자체는 주로 부동산 거래가액에 대한 적정성 여부를 판단한다. 그리고 거래신고에 대한 검증 결과를 해당 부동산의 소재지를 관할하는 세무관서의 장에게 통보한다. 이러한 흐름으로 보건대 세무서 등에서 행하는 자금출처조사는 지자체의 부동산 거래신고업무와 밀접한 관련을 맺고 있음을 알 수 있다.

최근에 개정된 자금조달계획서 관련 내용은?

최근 정부는 부동산 거래 단계에서부터 왜곡된 부동산 시장을 바로잡기 위해 부동산 거래와 관련된 법률을 대폭 개정했다. 예를 들어 부동산 거래신고 기한을 앞당기고, 자금조달계획서의 제출 대상을 확대했다. 주요 내용들을 대략적으로 정리해보자. 물론 자세한 내용들은 뒤에서 살펴본다.

1. 부동산거래신고법 관련 개정된 내용

1) 부동산 거래신고 기간의 단축

부동산 및 분양권 등 권리의 거래 당사자들은 거래계약의 체결일부터 30일 내에 부동산 등의 소재지를 관할하는 시장·군수 또는 구청장(이하 '신고관청')에게 거래내역 등을 신고해야 한다. 종전은 60일이었다.

· 시행일 : 2020년 2월 20일 이후 계약분

이외에도 거래가격 담합 등에 대한 처벌규정 등도 도입되었다.

2) 주택취득 자금조달 및 입주계획서 제출대상의 확대

2020년 10월 27일부터 주택취득 자금조달 및 입주계획서의 제출대상이 다음과 같이 변경되었다. 법인의 경우에는 모든 지역을 대상으로 자금조달계획서를 제출해야 한다. 자세한 내용은 제7장을 참조하기 바란다.

구분	종전	변경
투기과열지구	3억 원 이상 거래 시 제출	무조건 제출
조정대상지역	3억 원 이상 거래 시 제출	무조건 제출
위 외의 지역(비규제지역)	6억 원 이상 거래 시 제출	좌동

이처럼 제출대상지역이 확대됨에 따라 이런저런 조사를 받을 가능성이 점점 높아지고 있다.

3) 주택취득 자금조달 및 입주계획서 서식의 변경

종전의 자금조달계획서는 자금조달의 원천에 대한 구체성이 떨어져 이를 확인하는 데 불편함이 있었다. 그래서 이의 원천을 좀 더 쉽게 파악할 수 있도록 다음과 같이 서식이 개정되었다. 자금조달계획서 신고 항목 중 편법 증여나 대출 규제 위반 등 위법행위 발생 가능성이 높은 항목에 대해 자금 제공자의 관계 등 구체적인 사항[6]과 조달자금의 지급수단7) 등을 명시하도록 함으로써 이상 거래에 대한 신속한 대응과 선제적인 조사가 이루어질 수 있도록 했다.

구분	기존	변경
증여·상속 제공자 관계추가	⑤ 증여·상속 등	④ 증여·상속 [ ] 부부 [ ] 직계존비속(관계 :) [ ] 그 밖의 관계( )
현금 등 자산종류 명시	⑥ 현금 등 기타	⑤ 현금 등 그 밖의 자금 [ ] 보유 현금 [ ] 그 밖의 자산(종류 :)
금융기관 대출액 세부구분	⑧ 금융기관 대출액	⑧ 금융기관 대출액 합계 주택담보대출 신용대출 그 밖의 대출 (대출종류 :)
그 밖의 차입금 제공자 관계추가	⑪ 그 밖의 차입금	⑪ 그 밖의 차입금 [ ] 부부 [ ] 직계존비속(관계 :) [ ] 그 밖의 관계( )
조달 자금 지급 방식	〈신설〉	총거래금액 ⑯ 계좌이체 등 금액 ⑰ 보증금·대출 승계 등 금액 ⑱ 현금 및 그 밖의 지급방식금액 지급 사유( )

앞의 변경된 서식을 보면 자금출처와 관련해 편법이 일어날 수 있는 부분에 한해 집중적인 개선이 있었음을 알 수 있다. 예를 들어 증여의 경우 증여자를 구체적으로 함으로써 조사의 강도를 조절할 수 있게 되었다. 배우자의 경우에는 증여재산공제가 6억 원까지 적용되나, 자녀의 경우에는 5천만 원까지만 공제되므로 이러한 차이에 따라 조사의 강도가 달라질 수밖에 없다.

4) 투기과열지구 내에서 거래 시 거래증빙 제출

2020년 3월 13일부터 투기과열지구에서 거래된 고가주택(9억 원 이상 주택)에 대한 조사를 강화하기 위해 앞의 자금조달계획서의 작성 항목별로 예금잔액증명서, 소득금액증명원 등 객관적인 증빙자료를 첨부해 제출하도록 했다. 그간 실거래신고 시 자금조달계획서만 제출하고, 사후적으로 의심거래에 한해 소명자료를 제출하도록 했으나, 이러한 방식으로는 비정상 자금조달 등 이상거래에 대한 신속한 대응과 선제적인 조사에 한계가 있었다. 따라서 앞으로 '투기과열지구 9억 원 이상 주택' 거래신고 시 자금조달계획서와 객관적인 증빙자료를 함께 제출해야 한다.

---

6) 증여·상속 자금 제공자 관계, 그 밖의 차입금 제공자 관계, 금융기관 대출 유형별 세부 구분(주택담보·신용·그 밖의 대출, 그 밖의 대출은 대출 종류를 기재) 등을 말한다.
7) 계좌이체, 현금지급, 보증금·대출 승계 등을 말한다.

2. 개정에 따른 효과

앞의 개정된 내용들은 향후 부동산 시장에 상당한 영향을 줄 가능성이 높다. 자금출처가 불분명하면 거래를 포기할 가능성이 높기 때문이다. 따라서 부동산 거래 당사자들은 물론이고, 부동산업에 종사하는 경우 이러한 제도의 취지나 그 영향 등에 대해 잘 알아두는 것이 좋을 것으로 보인다.

1) 자금조달계획서를 제출하지 않는 경우

자금조달계획서를 제출하지 않은 상황에서는 부동산 거래가격에 대한 조사나 자금출처조사가 일어날 가능성이 희박하다. 규제의 필요성이 떨어지기 때문이다.

2) 자금조달계획서만을 제출하는 경우

자금조달계획서만을 제출하는 경우에는 부동산 거래에 따른 증빙이 제출되지 않기 때문에 제출된 계획서만을 가지고 관할 지자체에서 검증을 하게 된다. 따라서 이때 큰 문제가 없으면 관할 세무서에서 진행하는 자금출처조사에서도 벗어날 가능성도 높다. 하지만 문제가 있다고 인정되면 소명자료를 요구하게 되고, 이에 따라 조사가 진행되면 세무상 위험이 증가하게 된다.

3) 자금조달계획서와 거래증빙을 모두 제출하는 경우

세무상 위험이 가장 큰 유형에 해당한다. 거래증빙까지도 제출해야 하기 때문이다. 이러한 거래증빙은 매우 중요한 의미를 가지고 있다. 이 자료를 통해 부동산 거래가격이나 차명 부동산 등에 대한 조사가 이루어지고, 관할 세무서에 통보되어 과세의 목적으로 다양하게 사용될 수 있기 때문이다.

Tip 자금조달계획서 제출과 거래증빙의 제출 요약[8]

구분	자금조달계획서 제출	거래증빙 제출
조정대상지역	제출(무조건)	제출불요
투기과열지구	제출(무조건)	제출해야 함(무조건).
비규제지역	제출(6억 원)	제출불요

※ 저자 주

최근 자금조달계획서 제출 대상 등이 아래와 같이 개정되었다.

먼저 개인은 다음과 같이 개정되었다.
- **자금조달계획서** : 규제지역(투기과열지구 및 조정대상지역) 3억 원, 비규제지역 6억 원 이상 주택 거래 시 제출 → 규제지역은 거래금액과 관계없이 무조건 제출.
- **거래증빙** : 투기과열지구 9억 원 이상 시 제출 → 금액과 관계없이 무조건 제출.

다음으로 법인은 다음과 같이 개정되었다.
- **자금조달계획서** : 위 개인처럼 제출 → 모든 거래에 대해 제출(부동산거래신고서 서식 신설).
- **거래증빙** : 위 개인처럼 제출 → 금액과 관계없이 무조건 제출.

---

8) 법인은 거래금액과 무관하게 자금조달계획서를 제출해야 한다. 자세한 내용은 제7장을 참조하기 바란다.

국세청 자금출처조사의 동향은?

최근 국세청에서 수시로 자금출처조사를 시행하고 있다. 그런데 이 제도는 부동산 시장이 과열될 때 자주 등장한다. 따라서 앞으로 부동산 시장이 과열되면 언제든지 이 조사가 진행될 수 있으므로 미리 대비를 할 필요가 있다. 하지만 자금출처조사가 어떤 식으로 진행되는지 이를 알기가 힘든데, 이때에는 국세청에서 발표한 내용들을 참조하면 대략적인 흐름을 알 수 있다. 이러한 관점에서 다음의 내용들을 살펴보자.

1. 세무조사 대상자의 선정

세무조사는 모든 부동산 취득자들을 대상으로 하는 것은 아니다. 세무조사를 모두 다할 수 없거니와 그렇게 할 필요도 없기 때문이다. 따라서 최소한의 비용으로 최대의 효과를 누리기 위해서는 대상자를 선별할 수밖에 없다. 그렇다면 누가 선정이 될 가능성이 높을까? 주택을 위주로 살펴보자.

· 고가주택자
· 연소자
· 다주택지
· 법인 등

이 중 자금출처조사에서 상시적으로 문제가 되는 층은 고가주택자와 연소자가 된다. 고가주택자의 경우 자력으로 주택을 구입하기보다는 부모 등의 도움을 받아 구입하는 경우가 많기 때문이다. 연소자 또한 마찬가지다. 한편 최근에는 법인에 대한 규제 차원에서 이에 대한 조사가 진행되는 경우도 늘어나고 있다.

2. 자금출처조사의 범위

자금출처조사는 취득자와 자금제공자를 중심으로 진행될 가능성이 높다.

1) 취득자
부동산 취득자는 취득자금이 자기자금이든, 타인자금이든 조달에 있어 세법 등의 문제가 없음을 입증해야 한다. 이 과정에서 미신고한 소득이 있는 경우에는 다음과 같은 세금이 추징될 수 있다. 이때 본세만 발생하는 것이 아니라 신고불성실가산세와 납부지연가산세가 발생할 수 있고, 때에 따라 조세범처벌법에서 정하고 있는 부정행위에 해당하면 이 법에 따른 처벌도 받을 수 있다.

- 증여세
- 상속세
- 소득세
- 법인세
- 부가가치세 등

2) 자금제공자

부동산 취득자에게 자금을 증여하거나 빌려준 경우가 있을 수 있다. 이때에는 다음과 같은 쟁점들이 발생할 수 있다.

첫째, 자금을 증여한 경우다.

증여사실이 밝혀지면 증여를 받은 자에게 증여세 등이 추징되는 것으로 업무처리가 종결될 수 있다. 증여세 추징으로 자금출처조사의 주요 목적이 달성되었기 때문이다. 다만, 상증세 사무처리규정 제36조에서는 배우자나 직계존속 등도 동시에 자금출처조사 대상자로 선정할 수 있도록 하고 있다.

① 지방국세청장(조사국장) 또는 세무서장은 「국세기본법」 제81조의 6에 따라 대상을 선정하여 자금출처조사를 할 수 있다.

② 제1항에 따라 선정된 실지조사 대상자가 배우자 또는 직계존속과 직계비속으로부터 취득자금을 증여받은 혐의가 있는 경우에는 그 배우자 또는 직계존속과 직계비속을 조사대상자로 동시에 선정할 수 있다.

둘째, 차입거래를 한 경우다.

차입거래로 인정되는 경우에는 세무상 위험이 많이 줄어든다. 증여세가 아닌 소득세 과세정도만 문제가 되기 때문이다. 이때 이자를 지급했다면 이자소득에 대한 원천징수(27.5%)와 소득세 신고를 제대로 했는지가 중요하다. 물론 세법에서 정해진 이자(4.6%)에 미달한 경우에는 이익을 본 사람에 대한 증여세 과세의 문제가 있다. 하지만 이러한 증여세 과세문제는 생각보다는 미미하다. 증여재산공제(6억 원, 5천만 원 등을 공제)라는 제도가 있기 때문이다. 따라서 자금제공자에 대해서는 조사의 방향을 틀어 대여금의 조성 경위 등을 확인할 가능성이 높다. 이는 사업체 등으로의 조사가 확대될 수 있음을 의미한다.

3. 자료를 수집하는 방법

자금출처조사 대상자를 선정하고, 조사를 진행하기 위해서는 자료파악이 우선일 것이다. 그렇다면 국세청은 어떤 경로를 통해 자료들을 입수할까?

1) 국토교통부의 자금조달계획서

앞에서 보았지만 주택을 매수한 자는 계약일로부터 30일 내에 취득자금조달계획서 등을 관할 지자체에 제출해야 한다. 이 자료는 궁극적으로 과세관청에 흘러들어가기 마련인데, 세무조사를 할 때 매우 요긴하게 사용된다.

2) 국세청 내부자료

국세청 전산망에서는 과세와 관련된 수십 종의 정보가 있다. 부동산을 취득 시 등기와 관련된 자료는 물론이고, 부동산 거래내역, 근로소득이나 사업소득, 법인소득 등 각종 소득에 관한 정보, 카드 사용에 관한 정보 등이 이에 해당한다.[9]

3) 금융정보분석원의 금융자료

금융정보분석원(FIU, Korea Financial Intelligence Unit)에서 제공하는 금융자료도 조사대상자를 선정하거나 조사할 때 핵심정보에 해당한다. 2013년 5월 23일에 개정된 금융실명법 제14조 제1항 제2호에서는 조세에 관한 법률에 따라 제출의무가 있는 과세자료 등의 제공과 소관 관서의 장이 상속·증여 재산의 확인, 조세탈루의 혐의를 인정할 만한 명백한 자료의 확인 등을 위해 금융거래정보를 요구하는 경우 이를 제공하도록 하고 있다.

---

9) 국세청은 세법 등에 과세자료를 제출받을 수 있도록 강행규정을 두고 있다.

4. 국세청의 자금출처조사 동향

국세청의 자금출처조사 환경은 매년 진화하고 있다. 따라서 앞으로 앞에서 살펴본 자금조달계획서와 자체적으로 수집한 소득 등에 대한 정보, 그리고 금융정보분석원의 금융자료를 통합해 편법 거래 등에 대해 대응할 가능성이 높다. 이 세 가지 정보가 결합되는 경우에는 실시간으로 자금출처조사 등이 진행될 수 있다.

Tip 부동산 거래 단계별 세무조사

국세청의 세무조사는 다음과 같이 다양하게 진행될 수 있다.

구분		세무조사의 내용	비고
자산	취득	취득자금출처조사	세대원, 업체 조사로 확대 가능
	보유	다주택 보유자 취득자금출처조사, 임대소득 미신고조사	
	양도	처분대금의 사용처조사, 토지보상금에 대한 사용처조사,[10] 거래금액의 진실성조사 등	
	상속·증여	실지확인조사, 시가확인조사	
부채	조달	조달금액의 사용처조사	
	상환	상환금액(부담부증여 포함)에 대한 자금출처조사	

---

10) 제3기 신도시 건설과 관련해 45조 원 정도의 토지보상금이 풀린다고 한다. 따라서 이를 수령한 경우 편법적인 증여를 하지 않도록 한다.

부동산과 관련된 세무조사의 형태는 생각보다 다양하다. 부동산의 취득자금과 부채 상환자금에도 세무조사가 이루어질 수 있다. 또한 부동산을 처분한 경우에도 그 처분한 대금의 용도도 조사대상이 될 수 있다. 이외 임대소득은 물론이고, 자금출처조사를 하면서 사업자금이 흘러들어온 사실이 밝혀지면 사업체에 대한 조사도 병행될 수 있다. 개인이나 법인을 불문하고, 사업자금이 부동산 자금에 사용되는 경우에는 사업과 재산에 대해 동시에 세무조사가 진행될 수 있음을 알고 있어야 한다.

정부의 부동산 조사에 대한 대비법은?

앞으로 정부의 세무조사는 점점 강도가 세질 가능성이 높다. 이는 세무조사가 부동산 대책의 끝판 왕에 해당하기 때문이다. 따라서 언제든 닥칠지도 모르는 세무조사에 미리 대비를 하는 것이 절대적으로 필요하다. 그렇다면 어떻게 대비하는 것이 좋을까?

첫째, 부동산 거래 전에 자금출처부터 준비해야 한다.

앞에서 보았지만 앞으로는 부동산 거래 전에 반드시 자금출처부터 준비해야 한다. 특히 투기과열지구에서 가격과 무관하게 주택을 매수하는 경우에는 거래증빙을 제출해야 하므로, 이 경우에는 더더욱 주의할 필요가 있다.

둘째, 가족 간의 거래에서는 편법을 선택하지 않도록 한다.

세법에서는 편법 상속이나 증여를 막는 제도들이 상당히 많다.

예를 들어 가족 간에 가짜로 매매를 하면 과세당국은 증여로 보아 세금을 부과하기도 한다. 이외에도 자금거래를 정상적인 방법으로 하지 않는 경우에는 조사의 강도가 세지기 때문에 특히 주의해야 한다.

셋째, 법인 운영 시에는 투명하게 관리를 해야 한다.

최근 법인에 대한 대대적인 조사 등이 예고되고 있다. 이는 개인에게 집중되고 있는 세제강화책을 피하기 위해 법인으로 자금이 몰리면서 각종 부작용이 일어나자 정부에서 꺼내든 카드다. 따라서 그동안 불투명하게 관리하던 법인은 이래저래 고통을 당할 가능성이 높다. 하지만 투명하게 관리한 법인은 이러한 정부의 방침과는 무관하게 큰 문제점은 없다. 결국 정부의 세무조사 등의 정책에서 자유로워지려면 법인을 투명하게 관리할 필요가 있다.

넷째, 신고를 제대로 하는 것도 하나의 방법에 해당한다.

부모 등에게서 자금을 증여받았다면 증여세 신고를 하는 것이 좋다. 예를 들어 자녀가 부모로부터 1억 원을 증여받은 경우라면, 10년간 5천만 원까지는 증여재산공제가 적용되므로 나머지 5천만 원에 대해서만 증여세를 내면 된다. 증여세는 과세표준에 10~50%의 세율이 적용되는데, 1억 원까지는 10%가 적용된다. 따라서 앞의 5천만 원에 대해서는 500만 원 정도의 증여세가 산출된다. 이외에도 사업자들은 소득을 제대로 신고하고, 법인의 경우에도 법인세를 정확히 신고하는 것이 중요하다.

다섯째, 일이 발생한 경우에는 해법을 찾아야 한다.

관할 지자체와 세무서에서 부동산 거래에 대한 검증이나 조사를 할 수 있다. 이때에는 '조사의 이유 → 자료 분석 → 소명서 작성 → 조사 후 결과통보' 등의 과정에 따라 대처방법을 찾아야 한다. 이 과정에서 잘못이 밝혀지면 수정신고 등의 대책을 세워야 한다.

여섯째, 개정되는 세법, 정부의 대책 등에도 관심을 둬야 한다.

앞으로 자금출처조사 등과 관련된 세법이 점점 강화될 가능성이 높다. 그동안 허술했던 내용들이 보강될 수 있기 때문이다. 예를 들어 2020년 이후부터는 50억 원 넘게 재산을 타인 명의로 신탁해 증여세가 과세되는 경우, 이에 대한 부과제척기간을 사실상 없애는 입법이 있었다(국세기본법 제26조의 2 제5항 제7호).

일곱째, 부동산 거래 전에 세무상담을 받도록 한다.

자금출처조사는 증여세 탈루사실을 적발하기 위한 제도임에는 틀림이 없다. 하지만 요즘은 관할 지자체에서 거래가격 등을 조사하면서 과태료를 부과하는 일들도 많아지고 있다. 그리고 관할 세무서에서 자금출처조사를 하면서 자금대여자에 대한 소득세나 법인세 조사 등으로 연결되는 경우가 상당히 많아지고 있다. 즉 자금출처조사가 전방위적인 목적으로 진화하고 있는 것이다. 따라서 증여세에만 국한되어 일처리를 하게 되면 낭패를 당할 가능성이 높다. 이러한 일을 당하지 않기 위해서는 거래 전에 세무전문가인 세무사로부터 세무상담을 받는 것이 좋을 것으로 보인다.

Tip 정부의 부동산 조사에 대한 대비법

· 부동산 거래 전에 자금출처부터 준비하자.
· 가족 간의 거래는 투명하게 하자.
· 법인 운영도 투명하게 하자.
· 신고는 성실하게 하자.
· 개정세법 등에 관심을 갖자.
· 거래 전에 세무상담을 받자.

| **심층분석** | 정부의 각종 조사로 예상되는 불이익들

정부의 합동조사로 예상되는 불이익들을 정리하면 다음과 같다. 물론 자세한 내용들은 뒤에서 살펴본다.

1. 과태료
부동산거래신고법을 위배해 신고한 경우 최고 3천만 원 이하에서 과태료가 발생한다. 이러한 과태료는 세법과는 무관하게 부과될 수 있음에 유의해야 한다. 이외에도 민간주택임대법에 따라 임대등록한 주택에 대해서도 다양한 과태료가 발생할 수 있다.[11]

2. 본세와 가산세 추징
1) 본세
자금출처조사에 따라 탈세가 발생한 경우 해당 세목에 대한 본세가 추징된다. 여기서 본세란 주로 국세로서 '증여세, 상속세, 소득세, 법인세, 부가가치세' 등을 말한다.

2) 가산세
자금출처조사에 따라 세금추징이 발생한 경우 앞의 본세 외에 각종 가산세가 부과될 수 있다. 이 중 기본적인 가산세는 신고불성실가산세와 납부지연가산세가 된다. 전자의 경우 10~40%의 가산세율이, 후자의 경우 하루 2.5/10,000이 부과된다. 따라서 해당 행위가 고의가 짙고, 미납일수가 길어지면 가산세 부담이 상당해진다.

3. 비과세와 감면제한
거래 당사자가 매매계약서의 거래가액을 실지거래가액과 다르게(Up, Down) 적은 경우 해당 자산에 대한 비과세 또는 감면규정 적용을 제

---

11) 실무적으로 임대료를 5% 이상 올리는 경우가 특히 문제가 된다.

한한다(조세특례제한법 제129조).

4. 처벌
처벌은 자금출처조사와 관련해 가장 큰 불이익이 될 수 있다. 벌금 외에 징역형도 가능하기 때문이다.

1) 조세범 처벌
자금출처조사 과정에서 조세범처벌법 제3조에서 규정하고 있는 조세 탈루행위로 밝혀지면, 탈세액의 3배 이하의 벌금 또는 징역형을 받을 수 있다. 자금출처조사를 받더라도 이러한 처벌은 받지 않도록 하는 것도 중요하다.

2) 명의신탁
부동산을 차명으로 거래해 적발되면 거래 당사자 모두에게 과징금이 부과될 수 있다. 상당히 큰 액수가 부과될 수 있으므로 주의해야 한다. 이에 대한 자세한 내용은 제2장에서 살펴본다.

3) 불법소득
자금세탁이나 뇌물, 리베이트 등에 의해 불법소득이 발생하면 이에 대해서는 관련 법에 따라 처벌을 받을 수 있다.

5. 기타
이외에도 대출 관련 제도를 어긴 경우에는 대출회수 등의 문제가 발생할 수도 있다.

제2장

자금출처조사를 대비하기 위한 필수 세무지식

증여인지, 아닌지의 구별은 어떻게 하는가?

관할 지자체나 관할 세무서에서 진행되는 각종 조사는 거래가격의 정당성 및 증여세 탈루 사실을 밝혀내기 위한 취지가 있다. 물론 이 중 실무적으로는 증여세 과세문제가 더 크게 부각되고 있다. 그렇다면 증여 사실은 어떻게 해서 밝혀질까? 이러한 문제는 앞으로 부동산 거래의 신고나 자금출처조사의 과정에서 매우 중요한 역할을 하게 될 것이다.

1. 증여

1) 증여의 개념

증여는 내 물건을 상대방에게 공짜로 주거나, 나로 하여금 상대방의 재산 가치를 늘려주는 것을 말한다. 따라서 무형의 거래도 증여에 해당할 수 있다. 상증법 제2조 제6호에서는 '증여란 그 행위 또는 거래의 명칭·형식·목적 등과 관계없이 직접 또는 간접적인 방법으로 타인에게 무상으로 유형·무형의 재산 또는 이익을 이전(移轉)(현저히 낮은 대가를 받고 이전하는 경우를 포함한다)하거나 타인의 재산가치를 증가시키는 것을 말한다'라고 하고 있다.[12]

2) 실무상 증여임을 확인하는 방법

그렇다면 실무적으로 증여는 어떻게 확인이 될까?

첫째, 자발적으로 신고하는 경우다.

자발적으로 증여세를 신고한 경우에는 증여사실을 객관적으로 알 수 있다. 이때 증여한 사람과 수증자의 의사가 합치된 계약서를 첨부해 신고하기 때문이다. 만일 유효하게 성립한 증여를 번복하려면 이에 대한 무효나 취소가 되었음을 입증해야 한다.

둘째, 증여계약서만 있는 경우다.

증여세 신고를 하지 않더라도 증여계약서를 작성한 경우에는 증여가 있었던 것으로 추정할 수 있다.

셋째, 증여로 추정하는 경우다.

이는 거래 당사자가 증여가 아님을 입증하지 못한 경우에 한해 증여로 보는 것을 말한다(추정). 상증법 제45조에서는 재산을 취득

---

[12] 현행 상증법상 증여규정은 포괄적인 개념으로 정의되어 있다. 이러한 개념으로 인해 실무에서는 다양한 쟁점들이 발생하고 있다.

한 경우 취득자금에 대한 증여추정제도를 적용하는데, 취득자가 그 자금에 대해 출처를 입증하지 못하면 이때 증여가 성립한 것으로 보아 증여세를 부과하고 있다.[13]

넷째, 증여로 의제하는 경우다.

이는 법에서 열거한 내용에 해당하면 무조건 증여로 본다(의제). 예를 들어 상증법 제45조의 2조에서는 주식을 명의신탁한 경우 무조건 증여받은 것으로 보아 증여세를 과세하고 있다. 부동산은 증여로 의제대상에서 제외되는데, 이는 부동산실명법이 따로 존재하기 때문이다.

다섯째, 재산가치가 증가한 경우다.

제3자의 도움을 받아 본인의 재산가치가 증가하는 경우, 이 증가한 이익도 증여로 보아 증여세를 과세하고 있다. 대표적으로 상증법 제42조의 3조에서 규정하고 있는 저가양수에 의한 증여세 과세제도가 있다. 이외에도 재산가치의 증가에 대한 증여세 과세제도도 있다. 이에 대한 자세한 내용은 잠시 뒤에 살펴본다.

---

13) 참고로 상속의 경우 상속개시일 전 1년 또는 2년 내에 무단 인출한 자금이 2억 원 또는 5억 원을 초과하면 상속추정제도를 적용한다. 이러한 추정규정은 거래당사자가 출처입증을 못하면 상속세 등을 과세하게 된다.

2. 현금과 증여

실무에서 보면 어떤 재산이 이전되는 사실을 두고 증여에 해당하는지 등에 대한 판단이 쉽지 않은 경우가 많다. 특히 현금과 같은 금융재산이 그렇다. 이에 대한 판단기준을 제시하면 다음과 같다.

1) 증여사실을 객관적으로 입증하는 경우

자녀가 용돈, 축하금 등의 명목으로 금전을 증여받아 예금하는 경우가 있다. 이 경우 증여는 어떤 식으로 판단할까?

일단 세법은 그 용돈, 축하금에 대해 증여자 및 증여시기(금전의 수령일), 증여금액이 금융자료 등에 의해 객관적으로 입증되는 경우에는 각 증여시기마다 금전을 증여받은 것으로 본다. 다만, 이렇게 입증한 경우에는 용돈 등을 자녀의 계좌로 재입금하거나 펀드 및 주식을 취득하는 경우에도 추가적인 증여세 과세문제는 발생하지 않는다. 이는 당초 증여 당시의 용돈 등만 문제가 된다는 뜻이다. 물론 증여재산공제범위 내의 금액은 전액 비과세 처리된다.

2) 증여사실을 객관적으로 입증하지 못하는 경우

용돈, 축하금 등에 대한 증여받은 사실을 일일이 입증하지 못하는 경우에는 이를 인출해 부동산 취득자금 등으로 실제 사용하는 시점에 부모 등에게서 증여받은 것으로 추정한다. 따라서 거래 당사자가 상증법 제45조(재산취득자금 등의 증여추정)에 따라 자금출처를 입증하지 못하면 증여세가 과세된다. 이는 추가되는 수익에 대해서도 증여세가 과세될 수 있음을 의미한다.

Tip 기타 현금 또는 차입 거래 시 주의할 점들

- 타인의 자금을 보관하고 있는 경우에는 증여가 아님을 입증하면 증여에서 제외된다. 주로 자녀의 자금을 부모가 대신 관리하는 경우가 이에 해당할 수 있다.
- 자금거래가 금전소비대차 또는 증여에 해당되는지는 당사자 간 계약, 이자지급 사실, 차입 및 상환 내역, 자금출처 및 사용처 등 구체적인 사실을 종합해 관할 세무서장이 판단한다.
- 금전을 무상으로 또는 적정 이자율(4.6%)보다 낮은 이자율로 대부받은 경우에는 그 금전을 대부받은 날에 무상으로 대부받은 금액에 적정 이자율(4.6%)을 곱한 가액, 적정 이자율보다 높은 이자율로 대부받은 경우에는 대부금액에 적정 이자율을 곱한 가액에서 실제 지급한 이자상당액을 차감한 가액을 증여받은 것으로 본다.

차입과 증여에 대한 구분기준은?

자금출처조사에서 가장 뜨거운 주제 중 하나는 바로 부모에게서 건네받은 자금이 차입인지, 증여인지에 대한 구분이다. 당연히 거래 당사자는 차입, 과세관청은 증여로 주장할 가능성이 높다. 그렇다면 이 문제는 어떤 식으로 해결해야 할까?

1. 차입에 해당하는 경우

실무에서 보면 차입은 크게 금융기관과 비금융기관에서 이루어지고 있다. 이 중 금융기관에서의 차입은 세무상 쟁점이 크게 나타나지 않는다.[14] 하지만 비금융기관, 즉 사적인 차입에서는 세무상

---

[14] 다만, 담보제공으로 인해 이익이 발생한 경우 이에 대해서도 증여세 과세의 문제가 있다(상증법 제42조의 3 참조).

쟁점이 크게 발생하는 경우가 많다. 예를 들어 부모로부터 자금을 차입한 경우가 대표적이다. 그렇다면 이러한 거래에 대해 차입으로 인정받을 수 있을까?

1) 세법상의 규정

상증법상 특수관계인(부모와 자녀) 간의 금전소비대차(돈을 빌려주고 갚는 것)는 원칙적으로 인정하지 않고 증여로 추정한다. 따라서 거래 당사자는 해당 거래가 차입임을 입증해야 할 책임을 진다.

2) 차입거래임을 입증하는 방법

세법은 부모와 자녀가 금전소비대차계약에 의해 금전을 차입하고 변제한 사실이 채무부담계약서, 차용증 및 이자지급에 관한 증빙 등에 의해 입증되는 경우에는 증여세가 과세되지 않도록 하고 있다. 그리고 이러한 최종적인 결정은 관할 세무서장이 관련 사실을 종합해 판단할 사항이라고 하고 있다. 따라서 해당 거래의 실질이 금전대여인 경우 금전 소비대차 계약서(차용증), 근저당설정내역, 원리금 수령내역과 관련한 금융증빙을 보관하고 있어야 한다. 그런 후 추후 관할 세무서의 소명요구가 있는 경우 금전소비대차 거래임을 소명해야 한다. 이때 주의할 것은 차용증만으로 금전소비대차임이 확인된다거나 없으면 부인된다고 단정할 수 없으며, 금전소비대차임을 주장하는 하나의 정황근거에 불과하다는 것이다.

※ 차용증이 없는 경우라도 차입이 인정되는 경우

차용증서 없이 금전소비대차한 경우라도 실제로 상환했다면 금융거래를 통해 변제가 된 객관적 사실만큼 구체적인 것은 없다고 할 것이므로, 쟁점거래를 금전소비대차로 보아야 한다는 청구주장은 정당한 것으로 판단된다(국심 200서 3492, 2003. 2. 6. 같은 뜻).

2. 증여에 해당하는 경우

부모로부터 차입한 돈이 증여에 해당하는 경우에는 주로 다음과 같은 경우에 해당한다.

1) 차주가 변제능력이 없는 경우

주로 미성년자나 고령자, 전업주부 등이 차주인 경우 부채의 상환능력이 없는 경우가 일반적이므로 증여로 볼 가능성이 높다. 다만, 금융기관의 대출금으로 재산을 취득한 후 본인의 소득금액 등으로 대출금의 이자와 원금을 변제하는 사실이 확인되는 경우 동 대출금은 자금출처로 인정받을 수 있다(재산상속 46014-1205, 2000. 10. 10). 따라서 이 경우에는 증여에 해당하지 않는다. 실무적용 시에 알아두면 좋을 정보에 해당한다.

2) 정황증거가 부족한 경우

차입거래 이후에 차용증을 작성하거나 이자를 지급하는 경우 등이 이에 해당한다. 다음 심판청구 사례를 통해 이에 대한 내용을 확인해보자.

자금출처 서면확인 시 금전소비대차 계약서 등을 제출하지 않다가 자금출처조사에 이르러 제출하면서 쟁점금액을 증여받은 것이 아니라 차용한 것이라고 주장하고 있는 점, 조사청의 자금출처 서면확인이 시작된 이후 발생한 쟁점 부동산의 임대보증금으로 쟁점금액을 변제하였다고 소명하고 있는 점, 황○○○는 청구인으로부터 지급받을 수 있는 이자에 대해 종합소득세(이자소득) 등을 신고한 사실이 없고, 금전 소비대차 계약서에 정확한 차용금이나 이자지급 조건 등이 명시되어 있지 아니하여 신빙성 있는 증빙으로 보기 어려운 점 등에 비추어 처분청에서 청구인이 쟁점금액을 증여받은 것으로 본다(조심2018서2222, 2018. 8. 27).

Tip 차입과 증여에 대한 판단은 누가 하는가?

거래 당사자가 아닌 관할 세무서장이 한다. 따라서 관할 세무서장의 판단이 중요함을 알 수 있다. 납세자는 수동적인 지위에 있다. 중요한 정보에 해당한다.

금전의 무상 또는 저리차입에 따른 증여세 과세는?

자금출처조사를 대비할 때 또 하나 알아둬야 할 지식 중의 하나는 바로 금전의 무상 또는 저리차입에 따른 증여세 과세문제다. 이는 부모와 자녀 간의 자금거래가 증여가 아닌 차입으로 인정될 때 추가로 검토해야 하는 주제에 해당한다. 만일 해당 거래가 차입이 아닌 증여에 해당하는 경우에는 검토할 필요가 없다.

1. 금전의 무상 또는 저리차입에 대한 과세제도의 내용

현행 상증법 제41조의 4에서는 타인으로부터 금전을 무상 또는 저리로 대출받은 경우 다음처럼 증여세를 부과하고 있다.

① 타인으로부터 금전을 무상으로 또는 적정 이자율보다 낮은 이자율로 대출받은 경우에는 그 금전을 대출받은 날에 다음 각 호의 구분에 따른 금액을 그 금전을 대출받은 자의 증여재산가액으로 한다. 다만, 다음 각 호의 구분에 따른 금액이 대통령령으로 정하는 기준금액 미만인 경우는 제외한다.
1. 무상으로 대출받은 경우 : 대출금액에 적정 이자율을 곱하여 계산한 금액
2. 적정 이자율보다 낮은 이자율로 대출받은 경우 : 대출금액에 적정 이자율을 곱하여 계산한 금액에서 실제 지급한 이자 상당액을 뺀 금액

② 제1항을 적용할 때 대출기간이 정해지지 아니한 경우에는 그 대출기간을 1년으로 보고, 대출기간이 1년 이상인 경우에는 1년이 되는 날의 다음 날에 매년 새로 대출받은 것으로 보아 해당 증여재산가액을 계산한다.

앞의 내용을 좀 더 자세히 살펴보자.

첫째, 타인으로부터 금전을 무상으로 또는 적정 이자율보다 낮은 이자율로 대출받은 경우에는 증여세가 부과될 수 있다.

둘째, 증여세가 부과되는 사유는 무상으로 대출받거나 세법상의 적정 이자율보다 낮게 이자를 지급하는 경우다.

셋째, 증여이익은 다음과 같이 계산한다.

· 무상대출 : 대출금액×적정 이자율(4.6%)
· 저리대출 : 대출금액×적정 이자율(4.6%)−이자지급액

넷째, 앞의 이익이 1천만 원이 넘어야 한다.

자금을 받은 자가 연간 이익을 본 금액이 1천만 원 이하가 되면 이 규정은 적용하지 않는다. 따라서 2억 1천만 원 정도 무상 대여하면 이에 4.6%를 곱하면 대략 1천만 원 정도가 나오게 된다. 자녀의 경우 통상 5천만 원까지 증여세가 나오지 않으므로 대여금액이 10억 원을 넘어야 이 규정에 따라 증여세가 부과될 것으로 보인다.

2. 이자에 대한 세무처리법

이상의 내용을 보면 부모와 자녀 간에 돈 거래를 할 때에는 세법에서 정한 이자율만큼 이자를 지급하면 큰 문제가 없다. 그렇다면 이자에 대한 세무처리를 어떻게 해야 할까?

1) 이자 지급 시

개인 간에 이자를 지급할 때에는 지급금액의 25%(지방소득세 포함 시 27.5%) 상당액을 원천징수해야 한다.[15]

2) 이자 수령 시

이자를 수령한 자의 경우에는 금융소득이 연간 2천만 원을 넘어가면 다른 소득을 합해 금융소득 종합과세로 신고 및 납부해야 한다. 참고로 이자를 받고서도 신고를 누락한 경우에는 소득세 본세 및 가산세 추징은 피할 수 없다.

---

15) 징수의무자가 개인인 경우 홈택스 사이트에서 전자신고가 가능하다(거주지 관할 세무서 문의).

Tip 무이자 차입 시 소득세는 어떻게 과세될까?

차입금에 대해 이자를 지급하지 않은 경우 증여세와 소득세 과세문제를 살펴보자.

먼저 증여세는 무상대출로 이익을 본 사람에게 과세하는 것이 원칙이다. 다음으로 소득세는 무이자에 대해서는 과세되지 않는다. 소득세법 제41조에서는 다음 소득에 대해서만 부당행위계산 규정을 적용하도록 하고 있기 때문이다. 이 규정을 보면 이자소득은 이의 적용대상에서 제외되어 있다.

> ① 납세지 관할 세무서장은 배당소득(제17조 제1항 제8호[16)]에 따른 배당소득만 해당한다), 사업소득 또는 기타소득이 있는 거주자의 행위 또는 계산이 그 거주자와 특수관계인과의 거래로 인하여 그 소득에 대한 조세 부담을 부당하게 감소시킨 것으로 인정되는 경우에는 그 거주자의 행위 또는 계산과 관계없이 해당 과세기간의 소득금액을 계산할 수 있다.

---

16) 공동사업에서 발생한 배당소득을 말한다.

향후 쟁점이 될 재산가치 증가에 따른 증여세 과세는?

 이상의 내용으로 보면 부모로부터 자금을 차입한 후 이에 대한 이자를 지급하는 식으로 거래하면 해당 자금은 차입거래로 인정받을 수 있다. 물론 세법에서 정한 이자율에 미달한 경우에는 증여세 과세의 문제가 있다. 그렇다면 이렇게 자금을 빌려서 부동산 등을 취득한 경우 그 이후에 증여세 과세문제는 없을까?

1. 증여개념에 따른 증여세 과세검토

 상증법 제2조에서 '증여'라 함은 그 행위 또는 거래의 명칭·형식·목적 등과 관계없이 경제적 가치를 계산할 수 있는 유형·무형의 재산을 타인에게 직접 또는 간접적인 방법으로 무상이전(현저히 저렴한 대가로 이전하는 경우를 포함함)하는 것 또는 기여에 의하여 타인의 재산가치를 증가시키는 것을 말한다.

따라서 자녀가 부모에게서 자금을 차입하는 경우 해당 거래가 금전소비대차 또는 앞의 증여에 해당되는지 여부는 당사자 간 계약, 이자지급사실, 차입 및 상환 내역, 자금출처 및 사용처 등 당해 자금거래의 구체적인 사실을 종합해 판단할 사항에 해당한다. 이러한 내용을 적용한 결과 차입으로 인정되면, 세법상 이자율과의 차이에 대해서만 증여세 과세문제가 있다. 이러한 내용은 앞에서 본 것과 같다. 그렇다면 여기서 다른 쟁점이 하나 더 발생한다.

자녀가 부모의 자금을 이용해 부동산에 투자한 후에 벌어들인 이익에 대해서는 증여세를 과세할 수 있을까?

2. 재산취득 후 재산가치 증가에 따른 이익의 증여

앞의 마지막 질문에 대한 답변은 상증법 제42조의 3에서 규정하고 있는 '재산취득 후 재산가치 증가에 따른 이익의 증여'를 살펴봐야 한다.

> ① 직업, 연령, 소득 및 재산상태로 보아 자력(自力)으로 해당 행위를 할 수 없다고 인정되는 자가 다음 각 호의 사유로 재산을 취득하고 그 재산을 취득한 날부터 5년 이내에 개발사업의 시행, 형질변경, 공유물(共有物) 분할, 사업의 인가·허가 등 대통령령으로 정하는 사유(이하 "재산가치 증가사유"라 한다)로 인하여 이익을 얻은 경우에는 그 이익에 상당하는 금액을 그 이익을 얻은 자의 증여재산가액으로 한다. 다만, 그 이익에 상당하는 금액이 대통령령으로 정하는 기준금액 미만인 경우는 제외한다.

1. 특수관계인으로부터 재산을 증여받은 경우
2. 특수관계인으로부터 기업의 경영 등에 관하여 공표되지 아니한 내부 정보를 제공받아 그 정보와 관련된 재산을 유상으로 취득한 경우
3. 특수관계인으로부터 차입한 자금 또는 특수관계인의 재산을 담보로 차입한 자금으로 재산을 취득한 경우

② 제1항에 따른 이익은 재산가치 증가사유 발생일 현재의 해당 재산가액, 취득가액(증여받은 재산의 경우에는 증여세 과세가액을 말한다), 통상적인 가치상승분, 재산취득자의 가치상승 기여분 등을 고려하여 대통령령으로 정하는 바에 따라 계산한 금액으로 한다.[17] 이 경우 그 재산가치 증가사유 발생일 전에 그 재산을 양도한 경우에는 그 양도한 날을 재산가치 증가사유 발생일로 본다.

③ 거짓이나 그 밖의 부정한 방법으로 증여세를 감소시킨 것으로 인정되는 경우에는 특수관계인이 아닌 자 간의 증여에 대해서도 제1항을 적용한다. 이 경우 제1항 중 기간에 관한 규정은 없는 것으로 본다.

앞의 규정을 자세히 보자.

첫째, 이 규정은 증여나 차입 등을 통해 재산가치가 증가하면 그 증가된 이익에 대해 증여세를 과세하는 것을 말한다.
여기서 특이한 것은 특수관계인으로부터 차입한 자금 또는 특수관계인의 재산을 담보로 차입한 자금으로 재산을 취득한 경우도 포함한다는 것이다.

둘째, 재산가치 증가사유에 해당되어야 한다.
이에는 다음과 같은 사유가 해당한다.

1) 개발사업의 시행, 형질변경, 공유물(共有物) 분할, 지하수개발·이용권 등의 인가·허가 및 그 밖에 사업의 인가·허가

  2) 비상장주식의 '자본시장과 금융투자업에 관한 법률' 제283조에 따라 설립된 한국금융투자협회에의 등록

  3) 그 밖에 제1호 및 제2호의 사유와 유사한 것으로서 재산가치를 증가시키는 사유

부동산 투자의 경우 앞의 3호에 해당될 가능성이 있다. 하지만 실제 이 규정에 의해 과세가 되기 위해서는 해당 행위가 규정에 구체적으로 열거되어야 할 것으로 보인다. 국회에서 정한 법률의 취지를 벗어난 것으로 보아 소송의 대상이 될 수 있기 때문이다.

---

17) ③ 법 제42조의 3 제2항 전단에서 '대통령령으로 정하는 바에 따라 계산한 금액'이란 제1호의 가액에서 제2호부터 제4호까지의 규정에 따른 가액을 뺀 것을 말한다.
  1. 해당 재산가액 : 재산가치 증가사유가 발생한 날 현재의 가액(법 제4장에 따라 평가한 가액을 말한다. 다만, 해당 가액에 재산가치 증가사유에 따른 증가분이 반영되지 아니한 것으로 인정되는 경우에는 개별공시지가·개별주택가격 또는 공동주택가격이 없는 경우로 보아 제50조 제1항 또는 제4항에 따라 평가한 가액을 말한다)
  2. 해당 재산의 취득가액 : 실제 취득하기 위해 지불한 금액(증여받은 재산의 경우에는 증여세 과세가액을 말한다)
  3. 통상적인 가치 상승분 : 제31조의 3 제5항에 따른 기업가치의 실질적인 증가로 인한 이익과 연평균지가상승률·연평균주택가격상승률 및 전국소비자물가상승률 등을 감안해 해당 재산의 보유기간 중 정상적인 가치상승분에 상당하다고 인정되는 금액
  4. 가치상승기여분 : 개발사업의 시행, 형질변경, 사업의 인가·허가 등에 따른 자본적 지출액 등 해당 재산가치를 증가시키기 위해 지출한 금액

셋째, 증여나 차입 등을 받은 후 5년 내에 재산가치의 증가가 확인되어야 한다.

따라서 5년이 지난 후에 재산가치 증가사유가 발생한 경우에는 이러한 규정을 적용하지 않는다. 만일 그 재산가치 증가사유 발생일 전에 그 재산을 양도한 경우에는 그 양도한 날을 재산가치 증가사유 발생일로 본다.

넷째, 재산가치 증가액이 일정금액 이하는 적용하지 않는다.

일정금액 이하는 상증령 제32조의 3 제2항에서 정하고 있는 다음 각 호의 금액 중 적은 금액을 말한다. 따라서 다음 중 적은 금액 이하의 이익은 증여로 보지 않는다.

1) 제3항 제2호부터 제4호까지의 규정에 따른 금액의 합계액의 100분의 30에 상당하는 가액

2) 3억 원

Tip 재산가치 증가에 따른 증여세 과세

현행 세법에 의하면 부모 등으로부터 거액의 자금을 차입하고 이에 대한 이자를 지급하면, 증여세를 과세하기가 상당히 힘든 구조로 되어 있다. 하지만 앞의 내용에서 보았듯이 규정을 조금만 보완하면 재산가치 증가분에 대해서도 증여세가 과세될 가능성은 충분하다. 따라서 앞으로 이 부분에 대해 법이 어떤 식으로 개정될지 관심을 가져보자.

신고하지 않은 소득에서 온 자금에 대한 과세방식은?

　자금출처조사를 받을 때 가장 곤혹스러운 대목은 바로 과거에 벌어진 일로써 소득이나 재산을 제대로 신고하지 않는 것이 발견된 경우다. 예를 들어 사업소득에서 탈루가 발견된 경우라든지, 부모에게 전세보증금 등을 증여받았는데 신고를 누락하는 경우 등이 대표적이다. 그렇다면 이러한 탈루소득에서 온 자금에 대해서는 어떻게 과세가 될까? 이럴 때 필요한 개념이 바로 '국세부과제척기간'이란 제도다.

1. 국세부과제척기간의 개념

　이는 한마디로 '정부에서 세금을 부과할 수 있는 기간'을 말한다. 일종의 소멸시효나 공소시효 같은 개념에 해당한다. 이는 과세에서 누락된 세금을 뒤늦게나마 징수할 수 있게 해준다. 이에 대해서는 국세기본법 제26조의 2에서는 자세히 정하고 있는데, 이를 요약하면 다음과 같다.

※ 국세부과제척기간 요약

세목	원칙	특례
상속·증여세	- 15년간(탈세·무신고·허위 신고 등) - 10년간(이외의 사유)	· 상속 또는 증여가 있음을 안 날로부터 1년(탈세로서 제3자 명의보유 등으로 은닉재산이 50억 원 초과 시 적용)
이외의 세목	- 10년간(탈세) - 7년간(무신고) - 5년간(이외의 사유)	· 조세쟁송에 대한 결정 또는 판결이 있는 경우, 그 결정(또는 판결)이 확정된 날로부터 1년이 경과하기 전까지는 세금부과가 가능함.

국세부과제척기간은 크게 상속세·증여세와 기타 세목으로 구분된다. 상속세와 증여세는 주로 가정에서 발생해 담합의 가능성이 크기 때문에 일반 세목에 비해 제척기간이 더 길다는 특징이 있다. 다른 세목은 5~10년인 데 반해 이들 세목은 10~15년이 된다. 그리고 탈세금액이 큰 경우에는 사실상 평생 동안 과세할 수 있도록 법이 정비되어 있다.

2. 상속·증여세

상속세와 증여세는 자금출처조사와 아주 밀접한 관련을 맺는다. 그래서 이들에 대한 부과제척기간은 잘 알아둘 필요가 있다.

1) 일반적인 경우

상속세나 증여세를 과소신고 하는 일반적인 경우에는 10년의 부과제척기간을 사용한다.

2) 무신고 및 탈세에 해당하는 경우

첫째, 상속세나 증여세를 무신고하거나 탈세행위를 한 경우에는 15년의 부과제척기간을 사용한다. 여기서 탈세행위란 조세범 처벌법 제3조 제6항에 해당하는 행위를 말한다. 구체적으로 다음과 같다.

- 이중장부의 작성 등 장부의 거짓 기장
- 거짓 증빙 또는 거짓 문서의 작성 및 수취
- 장부와 기록의 파기
- 재산의 은닉, 소득·수익·행위·거래의 조작 또는 은폐
- 고의적으로 장부를 작성하지 아니하거나 비치하지 아니하는 행위 또는 계산서, 세금계산서 또는 계산서합계표, 세금계산서합계표의 조작 등

둘째, 탈세목적으로 은닉한 재산가액이 50억 원을 초과하는 경우에는 과세관청이 그 사실을 안 날로부터 1년 이내를 제척기간으로 한다. 이는 사실상 제척기간이 없는 것에 해당한다.

3. 소득세·법인세 등

자금출처조사에서 소득세와 법인세 등이 문제되는 경우는 드물다. 왜냐하면 자금출처조사는 주로 증여세를 부과하는 목적이 있기 때문이다. 하지만 증여세를 조사하는 과정에서 다양한 탈법요소가 발견되면 세무조사로 확대되는 경우가 일반적이다. 이 경우 부과제척기간이 문제가 된다.

1) 일반적인 경우
이 경우에는 5년의 제척기간을 사용한다. 예를 들어 신고는 했으나 과소신고한 경우가 이에 해당한다.

2) 무신고한 경우
이 경우에는 7년의 제척기간을 사용한다.

3) 탈세에 해당하는 경우
이 경우에는 통상 10년의 제척기간을 사용한다.

4. 적용 사례

사례를 통해 앞의 내용들을 확인해보자.

〈자료〉
· 20년 전에 발생한 상속세를 신고하지 않았음.
· 11년 전에 받은 전세보증금 1억 원을 신고하지 않았음.
· 8년 전에 소득세를 덜 낸 자금 5억 원을 주택구입자금에 보탰음.
· 5년 전에 법인으로부터 자금을 대여 받았음.
· 5년 전에 아버지로부터 자금을 대여 받았음.

Q. 20년 전에 상속세를 신고하지 않았다면 문제가 되는가?

그렇지 않다. 상속세를 무신고하는 경우 제척기간은 15년이 되기 때문이다. 다만, 은닉한 상속재산가액이 50억 원이 넘는 경우에는 그 사실을 안 날로부터 1년 내에 상속세를 과세할 수 있다(특례).

Q. 11년 전에 받은 전세보증금에 대해서도 과세가 될 수 있는가?

그렇다. 증여세도 무신고하면 15년의 제척기간이 적용되기 때문이다. 따라서 이 경우에는 무신고 가산세 20%와 납부지연가산세가 별도로 부과될 가능성이 높다.

Q. 11년 전에 소득세를 덜 낸 자금 5억 원을 주택구입에 사용한 경우 소득세 과세가 될 수 있는가?

과세될 수 없다. 소득세의 경우 최장의 제척기간은 7년이 되기 때문이다.

Q. 5년 전에 법인으로부터 자금을 대여받은 경우 문제는 없는가?

이를 대여받은 쪽은 문제가 없으나 이를 대여한 쪽에서 세법상의

이자를 지급받지 않았다면 법인세와 소득세 추징이 발생한다.[18]

Q. 5년 전에 아버지로부터 대여받은 자금에 특별한 문제는 없는가?

이에 대한 자금이 증여인지, 차입인지에 대한 판단의 문제가 있다. 만약 증여로 보게 되면 증여세와 가산세가 추징될 수 있다.

---

18) 세법상의 이자를 실무에서는 '가지급금 인정이자'라고 한다.

미신고에 따른 가산세는 얼마나 나올까?

부동산 조사와 관련해 세금이 추징되는 경우 본세는 물론이고, 가산세가 부과될 수 있다. 특히 납부지연가산세는 미납기간이 길어질수록 점점 많아지므로 이때에는 수정신고 같은 대안을 마련할 필요가 있다. 다음에서는 가산세의 종류와 가산세를 줄이는 방법을 알아보자.

1. 신고불성실가산세

부동산 세금 중 국세, 즉 증여세, 소득세(양도소득세 포함), 부가가치세, 법인세 등에 대해 적용되는 가산세 규정을 알아보자.

구분	내용
일반무신고	산출세액 × 일반무신고과세표준/과세표준 × 20%
부당무신고	산출세액 × 부당무신고과세표준/과세표준 × 40%
일반과소신고	산출세액 × 일반과소신고과세표준/과세표준 × 10%
부당과소신고	산출세액 × 부당과소신고과세표준/과세표준 × 40%
초과환급신고	초과환급신고세액의 10%(부당 : 40%)

앞에서 부당한 경우란 국세의 과세표준 또는 세액계산의 기초가 되는 사실의 전부 또는 일부를 은폐하거나 가장하는 것에 기초해 국세의 과세표준 또는 세액의 신고의무를 위반하는 것(예 : 허위계약서 작성)을 말한다.

2. 납부지연가산세

2019. 2. 12. 이전 납세의무 성립분	2019. 2. 12. 이후 납세의무 성립분
미납세액×경과일수×3/10,000	미납세액×경과일수×2.5/10,000

3. 가산세를 줄이는 방법

다음과 같이 수정신고를 하면 앞의 신고불성실가산세가 감면이 된다. 납부지연가산세는 감면이 적용되지 않는다. 참고로 이러한 가산세는 과세관청이 경정할 것으로 알고 수정신고하면 감면이 적용되지 않는다.

수정신고	가산세 감면율
· 법정신고기한이 지난 후 1개월 이내에 수정신고한 경우	90%
· 법정신고기한이 지난 후 1개월 초과 3개월 이내에 수정신고한 경우	75%
· 법정신고기한이 지난 후 3개월 초과 6개월 이내에 수정신고한 경우	50%
· 법정신고기한이 지난 후 6개월 초과 1년 이내에 수정신고한 경우	30%
· 법정신고기한이 지난 후 1년 초과 1년 6개월 이내에 수정신고한 경우	20%
· 법정신고기한이 지난 후 1년 6개월 초과 2년 이내에 수정신고한 경우	10%

Tip 수정신고하는 방법

국세기본법 제45조에서는 다음과 같이 수정신고를 할 수 있도록 하고 있다.

① 과세표준 신고서를 법정신고기한까지 제출한 자 및 기한 후 과세표준신고서를 제출한 자는 다음 각 호의 어느 하나에 해당할 때에는 관할 세무서장이 각 세법에 따라 해당 국세의 과세표준과 세액을 결정 또는 경정하여 통지하기 전으로서 제26조의 2 제1항부터 제4항까지의 규정에 따른 기간(국세의 부과체척기간)이 끝나기 전까지 과세표준수정신고서를 제출할 수 있다.

1. 과세표준신고서 또는 기한후과세표준신고서에 기재된 과세표준 및 세액이 세법에 따라 신고해야 할 과세표준 및 세액에 미치지 못할 때 등

최근 수정신고를 할 수 있는 대상에 기한 후 신고자도 포함이 되었다. 따라서 제때 소득세 등을 신고하지 못한 경우에는 기한 후 신고를 하면 수정신고를 할 수 있다.

■ 국세기본법 시행규칙 [별지 제16호서식](2017. 03. 15 개정)　　　　　　　　　　(앞쪽)

과세표준수정신고서 및 추가자진납부계산서

처리기간
즉시

신고인	① 성명		② 주민등록번호		③ 사업자등록번호	
	④ 주소(거소) 또는 영업소				⑤ 전화번호	
	⑥ 상호					

신고 내용

⑦ 법정 신고일		⑧ 최초 신고일	
⑨ 수정 신고 사유			

구분	최초 신고	수정 신고
⑩ 세목		
⑪ 과세표준		
⑫ 산출세액		
⑬ 가산세액		
⑭ 공제 및 감면세액		
⑮ 납부할세액		
⑯ 기납부세액		
⑰ 자진납부세액		
⑱ 추가자진납부세액		

「국세기본법 시행령」 제25조 및 제26조에 따라 위와 같이 신고하고 이에 따라 _____ 원을 추가로 자진납부합니다.

　　　　　　　　　　　　　년　　　월　　　일

　　　　　　　　　　　　　　　　신고인　　　(서명 또는 인)

세무서장 귀하

구비서류 : 최초 신고서 사본 및 자진납부계산서(수정된 내용을 함께 기입합니다)
※ 이 용지는 무료로 배부합니다.

수수료
없 음

신고인의 위임을 받아 대리인이 과세표준수정신고 및 추가자진납부계산서를 제출하는 경우 아래 사항을 적어 주시기 바랍니다.

위임장	위임자 (신고인)	대리인				
		구분	성명	사업장 소재지	사업자등록번호 (전자우편)	전화번호 (휴대전화번호)
	(서명 또는 인)	세무사 공인회계사 변호사	(서명 또는 인)	(㊞　　)		

접수증 (과세표준수정신고 및 추가자진납부계산서)

성명		주소	
첨부서류		접수자	
1. 최초 신고서 사본　(　　) 2. 자진납부계산서　(　　)		접수일자인	

210㎜×297㎜(백상지 80g/㎡(재활용품))

조세범 처벌은 어떤 경우에 받는가?

　자금출처조사 등과 관련해 가장 큰 벌칙은 바로 조세범 처벌이다. 이에 해당하면 과태료가 아닌, 벌금을 부과받거나 징역형도 가능하기 때문이다. 따라서 자금출처조사를 받더라도 조세범처벌법은 적용받지 않도록 할 필요가 있다. 그렇다면 조세범처벌법은 어떤 식으로 작동하고 있을까?

1. 조세범처벌법

　조세범처벌법 제3조에서는 조세포탈 등에 대해 다음과 같이 규정하고 있다.

① 사기나 그 밖의 부정한 행위로써 조세를 포탈하거나 조세의 환급·공제를 받은 자는 2년 이하의 징역 또는 포탈세액, 환급·공제받은 세액(이하 "포탈세액 등"이라 한다)의 2배 이하에 상당하는 벌금에 처한다. 다만, 다음 각 호의 어느 하나에 해당하는 경우에는 3년 이하의 징역 또는 포탈세액 등의 3배 이하에 상당하는 벌금에 처한다.
1. 포탈세액 등이 3억 원 이상이고, 그 포탈세액 등이 신고·납부해야 할 세액(납세의무자의 신고에 따라 정부가 부과·징수하는 조세의 경우에는 결정·고지해야 할 세액을 말한다)의 100분의 30 이상인 경우
2. 포탈세액 등이 5억 원 이상인 경우

② 제1항의 죄를 범한 자에 대하여는 정상(情狀)에 따라 징역형과 벌금형을 병과할 수 있다.

③ 제1항의 죄를 범한 자가 포탈세액 등에 대하여 「국세기본법」 제45조에 따라 법정신고기한이 지난 후 2년 이내에 수정신고를 하거나 같은 법 제45조의 3에 따라 법정신고기한이 지난 후 6개월 이내에 기한 후 신고를 하였을 때에는 형을 감경할 수 있다.

④ 제1항의 죄를 상습적으로 범한 자는 형의 2분의 1을 가중한다.

⑤ 생략

⑥ 제1항에서 "사기나 그 밖의 부정한 행위"란 다음 각 호의 어느 하나에 해당하는 행위로서 조세의 부과와 징수를 불가능하게 하거나 현저히 곤란하게 하는 적극적 행위를 말한다.
1. 이중장부의 작성 등 장부의 거짓 기장
2. 거짓 증빙 또는 거짓 문서의 작성 및 수취
3. 장부와 기록의 파기
4. 재산의 은닉, 소득·수익·행위·거래의 조작 또는 은폐
5. 고의적으로 장부를 작성하지 아니하거나 비치하지 아니하는 행위 또는 계산서, 세금계산서 또는 계산서합계표, 세금계산서합계표의 조작
6. 「조세특례제한법」 제5조의 2 제1호에 따른 전사적 기업자원 관리설비의 조작 또는 전자세금계산서의 조작
7. 그 밖에 위계(僞計)에 의한 행위 또는 부정한 행위

앞의 규정 중 핵심적인 내용을 정리해보자.

1) 사기나 그 밖의 부정한 행위의 발생

이에는 다음과 같은 행위들이 해당한다.

- 이중장부의 작성 등 장부의 거짓 기장
- 거짓 증빙 또는 거짓 문서의 작성 및 수취
- 장부와 기록의 파기
- 재산의 은닉, 소득·수익·행위·거래의 조작 또는 은폐
- 고의적으로 장부를 작성하지 아니하거나 비치하지 아니하는 행위 또는 계산서, 세금계산서 또는 계산서합계표, 세금계산서 합계표의 조작 등

2) 조세의 부과와 징수를 불가능하게 하는 적극적인 행위의 존재

조세범처벌법에 따라 처벌이 되기 위해서는 일단 위에서 본 사기 등의 행위에 해당되는 한편, 이러한 행위로서 조세의 부과와 징수를 불가능하게 하거나 현저히 곤란하게 하는 적극적 행위가 있어야 한다. 따라서 이러한 행위가 입증되면 조세범처벌법에 따라 처벌이 될 수 있다.

3) 조세포탈 등이 발생

사기나 그 밖의 부정한 행위로써 조세를 포탈하거나 조세의 환급·공제를 받은 자에 대해 이 법을 적용한다.

2. 조세범칙조사 대상의 선정

조세범 처벌은 해당자에게는 큰 위협이 될 수 있다. 따라서 법을 집행하는 공무원의 재량권 남용을 억제하기 위해 절차법을 별도로 두고 있다. 자세한 내용은 조세범처벌절차법을 참조하고, 다음에서는 이 법의 제7조에서 규정하고 있는 조세범칙조사 대상의 선정에 대해서만 간략히 살펴보자.

> ① 지방국세청장 또는 세무서장은 다음 각 호의 어느 하나에 해당하는 경우에는 조세범칙조사를 실시해야 한다.
> 1. 조세범칙행위의 혐의가 있는 자를 처벌하기 위하여 증거수집 등이 필요한 경우
> 2. 연간 조세포탈 혐의금액 등이 대통령령으로 정하는 금액 이상인 경우
>
> ② 지방국세청장 또는 세무서장은 「조세범처벌법」 제3조에 해당하는 조세범칙사건에 대해 조세범칙조사를 실시하려는 경우에는 위원회의 심의를 거쳐야 한다. 다만, 제9조 제1항 각 호의 어느 하나에 해당하는 경우에는 지방국세청장은 국세청장의 승인을, 세무서장은 관할 지방국세청장의 승인을 받아 위원회의 심의를 거치지 아니할 수 있다.

참고로 앞의 제7조 제1항 제2호에서 '연간 조세포탈 혐의금액 등이 대통령령으로 정하는 금액 이상인 경우'란 다음 각 호의 어느 하나에 해당하는 경우를 말한다(조세범처벌절차법 시행령 제6조 제1항).

· 연간 조세포탈 혐의금액 또는 연간 조세포탈 혐의비율이 다음 표의 구분에 따른 연간 조세포탈 혐의금액 또는 연간 조세포탈 혐의비율 이상인 경우

연간 신고수입금액	연간 조세포탈 혐의 금액	연간 조세포탈 혐의 비율
100억 원 이상	20억 원 이상	15% 이상
50억 원 이상 100억 원 미만	15억 원 이상	20% 이상
20억 원 이상 50억 원 미만	10억 원 이상	25% 이상
20억 원 미만	5억 원 이상	

· 조세포탈 예상세액이 연간 5억 원 이상인 경우

3. 자금출처조사 시 주의할 사항

자금출처조사를 진행할 때 가장 쟁점이 되는 부분이 바로 과거에 미신고한 소득에 대한 부분이라고 했다. 그 이유는 본세와 가산세의 추징이 클 수 있기 때문이다. 하지만 더 심각한 것은 조세범처벌법의 적용 가능성도 배제할 수 없다는 것이다. 특히 사업에서 발생한 매출누락 등이 발견된 경우에는 조세범 처벌 등의 불이익이 뒤따를 수 있음에 유의할 필요가 있다.

차명 부동산은 어떤 문제가 있고, 어떻게 해야 하는가?

실무적으로 보면 차명으로 운영되는 부동산들이 상당히 많다. 차명(借名)은 말 그대로 '이름을 빌려 거래를 하는 행위'를 말하는데, 이는 현행법상 불법거래에 해당한다. 그럼에도 불구하고 왜 차명거래가 왜 발생하고 있고, 근절되지 않고 있을까?

1. 차명거래가 선호되는 이유

차명거래가 발생하는 이유는 다양하겠지만 세금 측면에서 도드라진다. 현행 세법에서는 1세대가 1주택을 보유하면 양도소득세 비과세 혜택을 준다. 이런 비과세 혜택을 누리기 위해 차명거래를 한다. 다주택 상태에서는 비과세의 가능성이 떨어지기 때문이다. 또 주택을 많이 보유할수록 세금이 무거워지므로 이를 피하려는 측면에서 차명거래를 선호한다.

2. 차명거래들이 적발되지 않은 이유

가장 중요한 이유는 차명거래를 적발할 시스템이 미흡하기 때문이다. 차명거래에 대해서는 부동산실명법이 존재하나, 현장에서는 거의 무용지물이다. 또한 시스템을 만든다고 하더라도 거래 당사자들이 담합하면 한계가 있을 수밖에 없다.

3. 차명거래와 세무상 쟁점

이러한 차명거래는 세무상 측면에서 거래 당사자에게 다양한 영향을 미친다. 양측의 입장에서 어떤 문제점이 있는지 보자.

1) 명의를 빌려준 사람

부동산의 경우에는 손해 볼 가능성이 높다. 우선 주택소유사실이 있으면 청약 등을 위한 무주택 기간 산정 등에 있어서 불이익이 있을 수 있다. 또한 차명주택 외에 본인의 주택이 있는 경우에는 비과세 혜택을 누릴 수 없거나 중과세 세율을 적용받을 수도 있다. 이외에도 건강보험료 등 공적 부담이 증가될 수도 있다.

2) 명의를 빌린 사람

차명거래는 주로 명의를 빌린 사람의 주도하에 발생하는 것이 일반적이다. 차명거래의 동기는 주로 자금세탁이나 세금탈루 등이 주 목적이 된다. 여기서 자금세탁은 주로 금융자산을 통해, 세금탈루는 주로 부동산을 통해 이루어진다. 현행법에서는 금융실명법이나 부동산실명법 위반에 따른 처벌을 하기도 한다.

4. 차명거래 해결방법

차명거래된 부동산은 어떤 식으로 해결해야 할까? 다음의 내용들은 예시에 불과하므로 참고용으로만 삼기 바란다.

1) 상속

만일 차명거래된 자산을 부모가 보유한 경우에는 상속으로 이전받는 경우가 많다. 상속재산이 10억 원에 미달하면 상속재산에 대한 취득세 정도만 부담하면 재산을 이전받을 수 있기 때문이다.

2) 증여

증여는 증여자와 수증자의 관계에 따라 세금의 크기가 달라진다. 따라서 자녀가 차명거래된 부동산을 증여를 통해 이전받는 경우 증여세 등*이 과도하게 나올 수 있다.

* 증여에 따른 취득세율이 최고 12%까지 적용될 수 있다.

3) 매매

매매는 유상대가를 받고 소유권을 이전하는 방식을 말한다. 거래의 대상은 제3자 또는 명의를 빌린 자가 될 수 있다. 이 중 가족 간의 거래에서는 다음과 같은 점에 유의해야 한다.

· 거래에 따른 객관적인 자금증빙이 있어야 한다.
· 거래가액이 시가에 비해 적정해야 한다.

4) 소유권 회복

이는 소송을 통해 법적 소유권을 확인하는 것을 말한다. 다만, 이러한 방식은 부동산실명법을 위반한 결과가 되므로 현실적으로 발생할 가능성이 높지 않다.

※ 저자 주

부동산 명의를 가족 등 다른 사람의 명의로 해둔 경우 이를 가져오기가 쉽지가 않다. 부동산실명법에 대한 과징금 추징문제도 있고, 이러한 문제를 비켜가더라도 막대한 돈이 들어가기 때문이다. 따라서 향후 이 같은 문제를 겪지 않으려면 부동산 명의는 본인(법인 포함) 명의로 해두는 것이 좋을 것으로 보인다.

| **심층분석 ①** | 부동산실명법에 대한 이해

앞으로 부동산실명법의 중요성이 커질 가능성이 높다. 관할 지자체 및 관할 세무서에서 이에 대한 조사를 강화할 가능성이 높기 때문이다. 다음은 부동산 거래 당사자 등이 반드시 알아야 할 내용들이다. 한 번씩 봐두기 바란다.

1. 목적(부동산실명법 제1조)

이 법은 부동산에 관한 소유권과 그 밖의 물권을 실체적 권리관계와 일치하도록 실권리자 명의(名義)로 등기하게 함으로써 부동산 등기제도를 악용한 투기·탈세·탈법행위 등 반사회적 행위를 방지하고, 부동산 거래의 정상화와 부동산 가격의 안정을 도모해 국민경제의 건전한 발전에 이바지함을 목적으로 한다.

이 규정으로 보건대 이 법은 투기와 탈세, 그리고 탈법행위를 겨냥하고 있음을 알 수 있다.

2. 명의신탁약정의 효력(부동산실명법 제4조)

① 명의신탁약정은 무효로 한다.
② 명의신탁약정에 따른 등기로 이루어진 부동산에 관한 물권변동은 무효로 한다. 다만, 부동산에 관한 물권을 취득하기 위한 계약에서 명의수탁자가 어느 한쪽 당사자가 되고, 상대방 당사자는 명의신탁약정이 있다는 사실을 알지 못한 경우에는 그러하지 아니하다.

3. 과징금(제5조)

① 다음 각 호의 어느 하나에 해당하는 자에게는 해당 부동산 가액(價額)의 100분의 30에 해당하는 금액의 범위에서 과징금을 부과한다.
  1. 제3조[19] 제1항을 위반한 명의신탁자
  2. 제3조 제2항을 위반한 채권자 및 같은 항에 따른 서면에 채무자를 거짓으로 적어 제출하게 한 실채무자(實債務者)

② 제1항의 부동산 가액은 과징금을 부과하는 날 현재의 다음 각 호의 가액에 따른다.
   1. 소유권의 경우에는 '소득세법' 제99조에 따른 기준시가
   2. 소유권 외의 물권의 경우에는 '상속세 및 증여세법' 제61조 제5항 및 제66조에 따라 대통령령으로 정하는 방법으로 평가한 금액
③, ④ 생략
⑤ 제1항에 따른 과징금은 해당 부동산의 소재지를 관할하는 특별자치도지사·특별자치시장·시장·군수 또는 구청장이 부과·징수한다.

4. 벌칙(제7조)

① 다음 각 호의 어느 하나에 해당하는 자는 5년 이하의 징역 또는 2억 원 이하의 벌금에 처한다.
   1. 제3조 제1항을 위반한 명의신탁자
   2. 제3조 제2항을 위반한 채권자 및 같은 항에 따른 서면에 채무자를 거짓으로 적어 제출하게 한 실채무자
② 제3조 제1항을 위반한 명의수탁자는 3년 이하의 징역 또는 1억 원 이하의 벌금에 처한다.

5. 종중, 배우자 및 종교단체에 대한 특례(제8조)

다음 각 호의 어느 하나에 해당하는 경우로서 조세포탈, 강제집행의 면탈(免脫) 또는 법령상 제한의 회피를 목적으로 하지 아니하는 경우

---

19) 제3조(실권리자명의 등기의무 등)
   ① 누구든지 부동산에 관한 물권을 명의신탁약정에 따라 명의수탁자의 명의로 등기하여서는 아니 된다.
   ② 채무의 변제를 담보하기 위해 채권자가 부동산에 관한 물권을 이전받는 경우에는 채무자, 채권금액 및 채무변제를 위한 담보라는 뜻이 적힌 서면을 등기신청서와 함께 등기관에게 제출해야 한다.

에는 제4조부터 제7조까지 및 제12조 제1항부터 제3항까지를 적용하지 아니한다.
1. 종중(宗中)이 보유한 부동산에 관한 물권을 종중(종중과 그 대표자를 같이 표시하여 등기한 경우를 포함한다) 외의 자의 명의로 등기한 경우
2. 배우자 명의로 부동산에 관한 물권을 등기한 경우
3. 종교단체의 명의로 그 산하 조직이 보유한 부동산에 관한 물권을 등기한 경우

6. 조사 등(제9조)[20]

① 특별자치도지사·특별자치시장·시장·군수 또는 구청장은 필요하다고 인정하는 경우에는 제3조, 제10조부터 제12조까지 및 제14조를 위반하였는지를 확인하기 위한 조사를 할 수 있다.
② 국세청장은 탈세 혐의가 있다고 인정하는 경우에는 제3조, 제10조부터 제12조까지 및 제14조를 위반하였는지를 확인하기 위한 조사를 할 수 있다.
③ 공무원이 그 직무를 수행할 때에 제3조, 제10조부터 제12조까지 및 제14조를 위반한 사실을 알게 된 경우에는 국세청장과 해당 부동산의 소재지를 관할하는 특별자치도지사·특별자치시장·시장·군수 또는 구청장에게 그 사실을 통보해야 한다.

---

20) 조사주체를 눈여겨보기 바란다.

| 심층분석 ② | 자금이동 시 주의해야 할 제도들

정부는 지하경제와 탈세를 추적하기 위해 여러 가지 제도들을 운영 중에 있다. 그중에서 대표적인 것이 바로 고액현금거래보고제도(CTR, Currency Transaction Report)와 혐의거래보고제도(STR, Suspicious Transaction Report), 해외계좌신고제도 등이다.

1. 고액현금거래보고제도(CTR, Currency Transaction Report)

이는 하루에 2천만 원 이상 금융기관을 통한 고액현금거래 시 이를 금융정보분석원(FIU, Korea Financial Intelligence Unit)에 보고하도록 하는 제도를 말한다. FIU는 자금세탁 등과 같은 불법 거래를 막기 위해 설립된 기획재정부 산하기관에 해당한다.
한편 앞에서 언급된 '고액현금거래'는 다음과 같은 기준으로 판단한다.

① 현금만 해당하며 수표 또는 외화로 거래는 제외된다.
② 한곳의 금융기관에 하루에 거래되는 총액을 말한다.

예를 들면 A은행에서 1,500만 원을 인출해 B은행에 1,500만 원을 입금하면 신고 대상이 아니다. 한 금융기관에서 현금으로 하루 거래 총액이 2천만 원 이상에 해당하지 않기 때문이다.
한편 이 제도는 금융기관의 판단에 따라 보고되는 것이 아니라, 조건만 충족하면 자동적으로 보고된다.

2. 혐의거래보고제도(STR, Suspicious Transaction Report)

이는 현금거래 중 자금세탁 등이 의심되는 경우에 한해 FIU에게 보고하는 제도를 말한다. 모든 자금거래(현금 외의 수표나 외화거래도 해당) 중에서 자금세탁으로 의심되는 금융거래라 생각될 경우 이를 금융정보분석원(FIU)에 신고해야 한다. 금융기관의 판단이 들어간다는 점에서 앞의 CTR제도와 차이가 난다. 참고로 1천만 원 등으로 정해

져 있던 의심거래보고(STR)의 기준금액은 폐지되었다.

3. 해외계좌신고제도

해외계좌에 5억 원이 넘게 입금된 날이 하루라도 있으면 이에 대한 계좌를 다음 해 6월에 국세청에 신고해야 한다. 이를 제대로 신고하지 않으면 가산세(20%)가 부과된다. 참고로 해외계좌에 대한 정보를 제공한 자에게는 최고 20억 원까지 포상금을 지급한다.

4. 해외금융계좌납세협력법(FATCA)에 의한 금융계좌신고제도

2015년 9월부터 한국에 연고를 둔 미국 영주권자·시민권자 중에서 한국의 금융기관에 5만 달러(법인은 25만 달러)를 초과하는 금융계좌를 갖고 있거나, 해약환급금이 5만 달러(2014년 6월 30일 이전에 구입한 보험계좌는 25만 달러)를 초과하는 저축성보험 및 보장성보험을 가진

※ 고액현금거래보고와 혐의거래보고 비교

구분	고액현금거래보고 (Currency Transaction Report)	혐의거래보고 (Suspicious Transaction Report)
내용	· 일정액 이상 현금거래를 보고	· 자금세탁혐의가 있는 거래를 보고
연혁	· 미국 등에서 처음 채택	· 유럽 국가들이 처음 채택
채택국가	· 미국, 캐나다, 호주, 파나마(혐의거래보고 외에 보완적 도입)	· FIU제도를 채택한 모든 국가
장점	· 자금세탁행위 예방효과(자금세탁 비용증가) · 수사자료로 참고 가능 · 금융기관의 주관적 판단 배제 · 금융기관 직원교육 불필요	· 금융기관의 부담경감, 비용절감 · 자금세탁방지에 금융기관직원의 적극 참여 유도 · 금융기관직원의 전문성 활용 · 정확도가 높고 활용도가 큼.
단점	· 정확도가 낮고 활용도 미약 · 금융기관의 과중한 업무와 비용 발생 · FIU 측면에서 보고정보 분석에 인력 낭비요인 존재	· 금융기관(그리고 금융기관 직원의 자질) 의존도가 높음. · 직원교육에 재원 투자 필요 · 혐의거래행위를 선정해주어야 하는 어려움.

사람의 금융정보가 매년 미국에 통보된다. 미국이 자국의 거주자들에 대한 과세를 강화하기 위한 법률을 발효시켰기 때문이다.

참고로 2014년 7월 1일 이후 신규로 개설된 계좌에 대해서는 원칙적으로 개인과 법인을 불문하고 모든 계좌(단, 개인의 경우 5만 달러 이하의 예금·보험계약 제외)에 대해 이 제도가 적용된다.

이외에도 고객주의의무(CDD, Customer Due Diligence) 등도 자금세탁 등을 방지하는 제도에 해당한다.

제3장
자금출처조사제도의 개관

자금출처조사의 근거 법률은?

　이제 앞에서 공부한 내용들을 바탕으로 자금출처조사제도에 대한 내용을 알아보자. 현실적으로 대한민국에서 부동산을 취득하거나 부채를 상환할 때 광범위하게 자금출처에 대한 조사가 발생할 수 있다. 그렇다면 이러한 조사의 근거는 어디에 규정되어 있을까? 이는 다름 아닌 상증법 제45조에서 규정하고 있는 '재산취득자금 등의 증여추정'이다.

　상증법 제45조에서 정하고 있는 규정을 그대로 살펴보면 다음과 같다. 증여추정이란 '거래 당사자가 증여가 아님을 입증하지 못하면 증여로 보아 과세하는 제도'를 말한다.

① 재산취득자의 직업, 연령, 소득 및 재산 상태 등으로 볼 때 재산을 자력으로 취득하였다고 인정하기 어려운 경우로서 대통령령으로 정하는 경우에는 그 재산을 취득한 때에 그 재산의 취득자금을 그 재산취득자가 증여받은 것으로 추정하여 이를 그 재산취득자의 증여재산가액으로 한다.

② 채무자의 직업, 연령, 소득, 재산 상태 등으로 볼 때 채무를 자력으로 상환(일부 상환을 포함한다)하였다고 인정하기 어려운 경우로서 대통령령으로 정하는 경우에는 그 채무를 상환한 때에 그 상환자금을 그 채무자가 증여받은 것으로 추정하여 이를 그 채무자의 증여재산가액으로 한다.

③ 취득자금 또는 상환자금이 직업, 연령, 소득, 재산 상태 등을 고려하여 대통령령으로 정하는 금액 이하인 경우와 취득자금 또는 상환자금의 출처에 관한 충분한 소명(疏明)이 있는 경우에는 제1항과 제2항을 적용하지 아니한다.

④ 「금융실명거래 및 비밀보장에 관한 법률」 제3조에 따라 실명이 확인된 계좌 또는 외국의 관계 법령에 따라 이와 유사한 방법으로 실명이 확인된 계좌에 보유하고 있는 재산은 명의자가 그 재산을 취득한 것으로 추정하여 제1항을 적용한다.

앞의 규정을 대략적으로 살펴보자.

첫째, 제1항은 재산취득자에 대한 증여추정 규정을 말한다.

즉 재산취득자의 직업, 연령, 소득 및 재산 상태 등으로 볼 때 재산을 자력으로 취득했다고 인정하기 어려운 경우, 그 재산의 취득자금을 그 재산취득자가 증여받은 것으로 추정한다는 것이다.

앞의 재산에는 부동산은 물론이고 현금, 전세보증금 등 모든 재산이 포함된다. 따라서 실제 자금출처조사의 대상 자산은 매우 광범위할 수 있다.

둘째, 제2항은 채무 상환자에 대한 증여추정 규정을 말한다.

채무를 상환할 때에도 상환자의 직업 등을 고려해 증여추정제도를 적용할 수 있다.

셋째, 제3항은 증여추정을 배제하는 규정에 해당한다.

일정한 금액 이하에서 재산을 취득하거나 부채를 상환하는 경우, 출처를 충분하게 소명한 경우가 이에 해당한다.

넷째, 제4항은 계좌에 보유하고 있는 각종 금융재산에 대해서도 증여추정규정을 적용함을 의미한다.

따라서 계좌에 보유하고 있는 각종 금전에 대해서는 납세자에게 입증책임이 있다는 것을 잊어서는 안 된다.[21]

---

21) 자금조달계획서와 관련해 제출하는 거래증빙 중 예금잔액증명서상의 금전은 모두 증여추정 규정이 적용된다.

Tip 자금출처조사에 관련된 오해와 진실

자금출처조사란 '증여추정에 따른 증여사실을 행정력을 동원해 확인하는 것'을 말한다. 실무에서 이에 대해 오해하는 경우가 많다. 몇 가지만 확인해보자.

① **자금출처조사는 무조건 적용받는다.**
그렇지 않다. 증여의 개연성이 많은 경우에만 그 대상이 된다.

② **자금출처 소명 시 취득금액의 100%를 입증해야 된다.**
그렇지 않다. 취득금액의 20%와 2억 원 중 적은 금액에 대해서는 입증을 면제하기 때문이다.

③ **출처를 80%만 입증하면 증여세는 과세되지 않는다.**
그렇지 않다. 이 경우라도 증여사실이 밝혀지면 증여세가 부과된다.

④ **출처를 70%만 입증하면 10%에 대해서만 증여세가 나온다.**
그렇지 않다. 100%에서 70%를 제외한 30%에 대해서 증여세가 나온다.

⑤ **소득자료만 가지고 입증해도 된다.**
아니다. 소득자료는 하나의 정황증거에 불과할 수 있다. 따라서 실제 금융자료를 가지고 해야 하는 경우도 있을 수 있다.

⑥ **차용증은 무조건 인정된다.**
그렇지 않다. 상환능력이 부족하거나 차입증거가 약하면 부인될 수 있다.

재산취득자금에 대한 증여추정은 어떻게 적용하는가?

앞에서 본 재산취득자금의 증여추정에 대한 내용부터 살펴보자. 재산취득자금에 대한 증여추정과 관련된 내용은 상증법 제45조의 제1항과 제2항, 그리고 제4항이 관련이 있다.

1. 제1항 분석

상증법 제45조 제1항은 다음과 같이 규정되어 있다.

> ① 재산취득자의 직업, 연령, 소득 및 재산 상태 등으로 볼 때 재산을 자력으로 취득하였다고 인정하기 어려운 경우로서 <u>대통령령으로 정하는 경우</u>에는 그 재산을 취득한 때에 그 재산의 취득자금을 그 재산취득자가 증여받은 것으로 추정하여 이를 그 재산취득자의 증여재산가액으로 한다.

1) 증여추정 시 고려요소

재산취득자금에 대한 증여추정 시 재산취득자의 직업, 연령, 소득 및 재산 상태 등을 고려한다.

첫째, 취득자의 직업을 고려한다.
취득자의 직업이 학생 등에 해당하는 경우에는 그만큼 재산취득 능력이 떨어진다고 볼 수 있다.

둘째, 취득자의 연령을 본다.
취득자의 연령이 낮을수록 증여추정제도가 적용될 가능성이 높다.

셋째, 취득자의 소득 및 재산상태를 살핀다.
취득자의 소득이나 재산상태 등도 중요하게 고려되는 요소에 해당한다. 이러한 법규정에 근거해 현재 과세관청은 PCI시스템을 개발해 이를 운영하고 있다. 이 시스템은 취득자의 재산증가액과 신고소득을 비교해 그 차이가 큰 경우 이의 차이금액을 탈루혐의 금액으로 보아 조사대상자를 선정하게 된다.

2) 자력으로 취득했다고 인정하기 어려운 경우

증여추정제도를 적용하기 위해서는 재산취득자가 재산을 자력으로 취득했다고 인정하기 어려운 경우에 해당되어야 한다. 따라서 이 부분이 먼저 확인되어야 된다. 이러한 규정은 자금출처조사의 남용을 방지하기 위한 효과가 있다. 이에 대해 대통령령(상증령 제34조 제1항)에서 구체적으로 정하고 있다.

① 법 제45조 제1항 및 제2항에서 "대통령령으로 정하는 경우"란 다음 각 호에 따라 입증된 금액의 합계액이 취득재산의 가액 또는 채무의 상환금액에 미달하는 경우를 말한다. 다만, 입증되지 아니하는 금액이 취득재산의 가액 또는 채무 상환금액의 100분의 20에 상당하는 금액과 2억 원 중 적은 금액에 미달하는 경우를 제외한다.
1. 신고하였거나 과세(비과세 또는 감면받은 경우를 포함한다)받은 소득금액
2. 신고하였거나 과세받은 상속 또는 수증재산의 가액
3. 재산을 처분한 대가로 받은 금전이나 부채를 부담하고 받은 금전으로 당해 재산의 취득 또는 당해 채무의 상환에 직접 사용한 금액

앞의 내용을 좀 더 자세히 살펴보면 다음과 같다.

첫째, 증여추정제도가 적용되기 위해서는 입증된 금액의 합계액이 취득재산의 가액 또는 채무의 상환금액에 미달하는 경우에 해당되어야 한다.

둘째, 자금출처로 입증되지 아니하는 금액이 취득재산 가액 등의 100분의 20에 상당하는 금액과 2억 원 중 적은 금액에 미달하는 경우 이 규정을 적용하지 않는다. 취득자금의 100%를 입증하는 것은 무리이기 때문이다.

셋째, 입증은 다음과 같이 한다.
· 신고했거나 과세(비과세 또는 감면받은 경우를 포함한다)받은 소득금액
· 신고했거나 과세받은 상속 또는 수증재산의 가액

· 재산을 처분한 대가로 받은 금전이나 부채를 부담하고 받은 금전으로 당해 재산의 취득 또는 당해 채무의 상환에 직접 사용한 금액

입증은 각종 세금을 신고한 자료 및 재산처분의 대가 그리고 부담한 부채로 직접 사용한 금액으로 해야 한다. 여기서 중요한 것은 '직접 사용'이다. 소득자료만 가지고 하는 것인지, 아니면 통장사본으로 하는 것인지에 대한 판단기준이 되기 때문이다. 그런데 세법은 이에 대해 명확한 규정을 두고 있지 않다. 하지만 실무적으로는 다음과 같이 이해해두는 것이 좋을 것으로 보인다.

- **증여추정 대상자를 선정할 때** : 소득자료를 기반으로 한다.
- **증여추정 확인조사를 할 때** : 소득자료를 기반으로 하되, 필요에 따라서는 금융자료로 확인해야 한다.

2. 제3항 분석

상증법 제45조 제3항은 다음과 같이 규정되어 있다.

③ 취득자금 또는 상환자금이 직업, 연령, 소득, 재산 상태 등을 고려하여 대통령령으로 정하는 금액 이하인 경우와 취득자금 또는 상환자금의 출처에 관한 충분한 소명(疏明)이 있는 경우에는 제1항과 제2항을 적용하지 아니한다.

앞의 내용을 좀 더 자세히 살펴보자.

1) 대통령령으로 정하는 금액

이에 대해서는 상증령 제34조 제2항에서 다음과 같이 규정하고 있다.

> ② 법 제45조 제3항에서 "대통령령으로 정하는 금액"이란 재산취득일 전 또는 채무상환일 전 10년 이내에 해당 재산취득자금 또는 해당 채무 상환자금의 합계액이 5천만 원 이상으로서 연령·직업·재산상태·사회경제적 지위 등을 고려하여 국세청장이 정하는 금액을 말한다.

여기서 국세청장이 정하는 금액은 다음과 같다.

구분	취득재산		채무상환	총액한도
	주택	기타 재산		
30세 미만	5천만 원	5천만 원	5천만 원	1억 원
30세 이상	1억 5천만 원	5천만 원	5천만 원	2억 원
40세 이상	3억 원	1억 원	5천만 원	4억 원

앞의 금액은 10년을 기준으로 집계하는 것이며, 이 금액 이하에서 증여가 확인된 경우에는 증여추정 규정과는 별개로 증여세가 과세될 수 있다는 것이다.

2) 충분한 소명이 있는 경우

이는 자금출처에 대한 소명서 등을 제출받아 입증하는 것을 말한다. 이때 입증해야 할 범위는 취득금액의 100%가 아니라, 취득금액에서 다음 금액을 차감한다.

- 입증되지 아니하는 금액이 취득재산의 가액 또는 채무 상환금액의 100분의 20에 상당하는 금액과 2억 원 중 적은 금액

3. 제4항 분석

상증법 제45조 제4항은 다음과 같이 규정되어 있다.

> ④ 「금융실명거래 및 비밀보장에 관한 법률」 제3조에 따라 실명이 확인된 계좌 또는 외국의 관계 법령에 따라 이와 유사한 방법으로 실명이 확인된 계좌에 보유하고 있는 재산은 명의자가 그 재산을 취득한 것으로 추정하여 제1항을 적용한다.

이는 계좌에 들어 있는 자금은 증여받은 것으로 추정해 이의 소유자가 이에 대해 증여가 아님을 입증하지 못하면 증여세를 부과한다는 것을 말한다. 따라서 자금을 보유하고 있는 경우에는 납세자가 이에 대한 입증책임을 부담해야 한다.

채무의 상환에 대한 증여추정은 어떻게 적용하는가?

채무의 상환에 대한 증여추정과 관련된 내용은 상증법 제45조의 제2항 및 제3항과 관련이 있다. 부채의 상환에 대한 증여추정 규정은 재산취득자금에 대한 증여추정과 같은 원리로 작동된다.

1. 제2항 분석

상증법 제45조 제2항은 다음과 같이 규정되어 있다.

> ② 채무자의 직업, 연령, 소득, 재산 상태 등으로 볼 때 채무를 자력으로 상환(일부 상환을 포함한다)하였다고 인정하기 어려운 경우로서 대통령령으로 정하는 경우에는 그 채무를 상환한 때에 그 상환자금을 그 채무자가 증여받은 것으로 추정하여 이를 그 채무자의 증여재산가액으로 한다.

제2항의 경우 앞에서 본 재산취득자에 대한 증여추정과 동일한 방법으로 이 규정이 적용되고 있음을 알 수 있다.

첫째, 채무 상환자금에 대한 증여추정 시 재산취득자의 직업, 연령, 소득 및 재산 상태 등을 고려한다.

둘째, 채무 상환자가 채무를 자력으로 상환했다고 인정하기 어려운 경우에 해당되어야 한다. 대통령령(상증령 제34조 제1항)에서 구체적으로 다음과 같이 정하고 있다.

> ① 다음 각 호에 따라 입증된 금액의 합계액이 취득재산의 가액 또는 채무의 상환금액에 미달하는 경우를 말한다. 다만, 입증되지 아니하는 금액이 취득재산의 가액 또는 채무의 상환금액의 100분의 20에 상당하는 금액과 2억 원 중 적은 금액에 미달하는 경우를 제외한다.
> 1. 신고하였거나 과세(비과세 또는 감면받은 경우를 포함한다)받은 소득금액
> 2. 신고하였거나 과세받은 상속 또는 수증재산의 가액
> 3. 재산을 처분한 대가로 받은 금전이나 부채를 부담하고 받은 금전으로 당해 재산의 취득 또는 당해 채무의 상환에 직접 사용한 금액

취득대금에 대한 '입증금액 < 취득대금'인 경우 증여추정이 적용되나, 자금출처로 입증되지 아니하는 금액이 취득재산의 가액 등의 100분의 20에 상당하는 금액과 2억 원 중 적은 금액에 미달하는 경우에는 이 규정을 적용하지 않는다. 부채 상환자금의 100%를 입증하는 것은 쉽지 않기 때문이다.

2. 제3항 분석

상증법 제45조 제3항은 다음과 같이 규정되어 있다.

> ③ 취득자금 또는 상환자금이 직업, 연령, 소득, 재산 상태 등을 고려하여 대통령령으로 정하는 금액 이하인 경우와 취득자금 또는 상환자금의 출처에 관한 충분한 소명(疏明)이 있는 경우에는 제1항과 제2항을 적용하지 아니한다.

이는 대통령령으로 정하는 금액 이하인 경우와 상환자금의 출처에 관한 충분한 소명(疏明)이 있는 경우에는 앞의 규정을 적용하지 않는다는 것을 의미한다. 앞에서 살펴본 것과 같다.

Tip 재산취득자금 등에 대한 자금출처조사 요약

· 부동산의 취득이나 채무의 상환이 있을 것
· 자력으로 취득이나 상환을 하지 않았다고 인정될 것
· 취득이나 상환자금이 일정한 금액을 넘을 것

취득자금출처조사에 대한 대비는?

실무적으로 자주 발생하는 자금출처조사는 주로 부동산의 취득과 관련이 있다. 부채 상환자금에 대한 조사는 그렇게 많이 일어나지 않는 것이 현실이다. 부동산을 취득할 때 자금은 크게 자기자금과 타인자금, 즉 차입금으로 구성된다. 그렇다면 이들에 대한 자금출처는 어떻게 입증해야 할까?

1. 입증해야 할 금액

일단 자금출처조사가 나오면 취득금액 10억 원까지는 실제로 취득에 소요된 자금의 80%를 입증해야 하고, 10억 원이 넘어가면 취득금액에서 2억 원을 차감한 금액을 입증해야 한다.

1) 취득금액이 10억 원 이하인 경우

취득금액이 10억 원 이하인 경우에는 취득금액의 20%와 2억 원 중 적은 금액을 제외한 금액에 대해 입증해야 한다. 따라서 취득금액의 80% 상당액을 입증해야 한다. 이때 취득금액에는 취득세 등 부대비용을 포함한다. 이는 미성년자 등 소득능력이 떨어진 층이 주의해야 할 내용에 해당한다.

2) 취득금액이 10억 원을 넘는 경우

이 경우에는 취득금액에서 2억 원을 차감한 잔액에 대해 입증해야 한다.

3) 주의할 점

입증한 금액이 80%에 미달하면 미소명한 금액 전체에 대해 증여세가 나온다. 한편 80% 이상을 입증하더라도 나머지 금액에 대해 객관적으로 증여받은 것이 확인되면 증여세가 과세될 수 있음에 유의해야 한다. 따라서 현실적으로 100% 가깝게 출처를 입증해야 하는 경우도 있을 수 있다는 것을 유의해야 한다.

2. 자금출처로 인정되는 경우

자금출처의 입증은 다음의 합계액으로 한다. 이는 신고했거나 과세(비과세 또는 감면 받은 경우 포함) 받은 소득금액 및 신고했거나 과세 받은 상속 또는 수증가액 또는 재산을 처분한 대가로 받은 금전이나 부채를 부담하고 받은 금전으로 당해 재산의 취득에 직접 소요된 금액을 말한다.

출처 유형	입증금액	증빙서류
근로소득	총급여액 – 원천징수액	원천징수영수증
이자·배당소득	총지급받은 금액 – 원천징수액	원천징수영수증, 통장사본
사업소득	종합소득금액–소득세 등	소득금액증명원
채무부담	차입금, 전세보증금	채무부담확인서
재산처분	매매가격–소득세 등	매매계약서 등
상속·증여	신고한 금액–상속세 등	신고서

※ 상증법 기본통칙 45-34…1 【자금출처로 인정되는 경우】

① 영 제34조 제1항 각 호에 따라 입증된 금액은 다음 각 호의 구분에 따른다.

1. 본인 소유재산의 처분사실이 증빙에 따라 확인되는 경우 그 처분금액(그 금액이 불분명한 경우에는 법 제60조부터 제66조까지에 따라 평가한 가액)에서 양도소득세 등 공과금 상당액을 뺀 금액
2. 기타 신고하였거나 과세받은 소득금액은 그 소득에 대한 소득세 등 공과금 상당액을 뺀 금액
3. 농지경작소득
4. 재산취득일 이전에 차용한 부채로서 영 제10조 규정의 방법에 따라 입증된 금액. 다만, 원칙적으로 배우자 및 직계존비속 간의 소비대차는 인정하지 아니한다.[22]

5. 재산취득일 이전에 자기재산의 대여로서 받은 전세금 및 보증금
6. 제1호 내지 제5호 이외의 경우로서 자금출처가 명백하게 확인되는 금액

② 제1항에 따라 자금출처를 입증할 때 그 재산의 취득자금을 증여받은 재산으로 하여 자금출처를 입증하는 경우에는 영 제34조 제1항 단서의 규정[23]을 적용하지 아니한다.

참고로 자금출처를 입증할 때에는 관련 세금을 공제한 잔액으로 하는 것이 원칙이다.

3. 적용 사례

자금출처조사 시 통상 취득금액의 80%까지는 출처에 대한 객관적인 증빙이 있어야 한다. 다음 사례를 통해 이 부분을 확인해보자.

〈사례〉
K씨는 이번에 투기과열지구에서 5억 원짜리 주택을 취득했다. 그리고 다음과 같이 자금조달계획서를 제출했다. 문제는 없을까?

---

22) 통칙에서 배우자 및 직계비속 간의 소비대차에 대해 인정하지 않고 있다. 중요한 사항이므로 국회에서 정하는 법에서 정할 필요가 있다.
23) "다만, 입증되지 아니하는 금액이 취득재산의 가액 또는 채무의 상환금액의 100분의 20에 상당하는 금액과 2억 원 중 적은 금액에 미달하는 경우를 제외한다."

주택취득자금조달 내용				
자기 자금	① 금융기관 예금액	원	② 부동산 매도액	2억 원
	③ 주식·채권 매각 대금	원	④ 현금 등 기타	원
	⑤ 소계			2억 원
차입금 등	⑥ 금융기관 대출액	1억 원	⑦ 사채	원
	⑧ 기타	2억 원	⑨ 소계	3억 원
⑩ 합계				5억 원

K씨는 자신이 소유한 부동산을 매도하면서 2억 원, 대출로 1억 원, 나머지 기타로 2억 원을 조달했다고 신고했다. 자금출처조사의 관점에서 이를 살펴보면 다음과 같다.

① 자금출처조사 시 입증해야 할 금액 : 5억 원×80%=4억 원
② 입증가능 금액
  · 부동산 매매 : 2억 원
  · 금융기관 대출액 : 1억 원
  계 : 3억 원
③ 부족금액 : 1억 원
④ 결론 : 조사가 진행된 경우 2억 원에 대해 증여세가 나올 수 있다.

참고로 앞의 부동산 매도금액의 자금원천이 부모에게서 온 경우에는 이 부분에 대해 증여세 추징이 발생할 수 있다. 따라서 이에 대한 출처를 입증할 때에는 본인 스스로의 힘에 의해 자금이 조달되었음을 입증하도록 해야 한다. 만일 그렇지 않다면 증여세 추징은 불가피하다.

자금출처 입증 시 통장 거래내역서는 꼭 제출해야 할까?

　자금출처조사에서의 핵심은 자금출처를 입증하는 것이다. 그렇다면 자금출처의 입증은 통장사본 등으로 해야 할까? 아니다. 모든 조사에 대해 이를 제출하라고 하면 국민생활이 상당히 불편해진다. 하지만 사안이 중대한 경우에는 이를 제출하는 것이 타당하다. 그렇다면 어떤 식으로 이 문제를 파악해야 할까?

1. 일반적인 상황의 경우

　자금출처조사가 서면 등으로 간단히 조사가 되는 경우에는 일단 다음과 같은 신고된 소득자료를 통해 입증을 하면 된다. 앞에서 본 내용을 다시 한 번 보자.

출처 유형	입증금액	증빙서류
근로소득	총급여액 - 원천징수액	원천징수영수증
이자·배당소득	총지급받은 금액 - 원천징수액	원천징수영수증, 통장사본
사업소득	종합소득금액-소득세 등	소득금액증명원
채무부담	차입금, 전세보증금	채무부담확인서
재산처분	매매가격-소득세 등	매매계약서 등
상속·증여	신고한 금액-상속세 등	신고서

2. 자료를 요청하는 경우

앞의 소득자료에 의해서 소명이 되지 않거나 기타 중대한 사항이 발생한 경우에는 당연히 통장사본을 요청할 가능성이 높다. 다만, 최근에는 관할 지자체를 통해 이를 제출해야 하는 경우도 있을 수 있음에 유의해야 한다.

3. 적용 사례

앞의 내용을 사례를 통해 확인해보자.

> K씨는 현재 35세로서 세대주다. 주택을 5억 원에 구입하려고 한다. 이 경우 3억 원에 대해서 입증이 되지 않는다면 증여추정액은 얼마인가? 그리고 이에 대한 대처방법은?

첫째, 자금출처조사 배제금액기준에 해당하는지의 여부를 파악한다.

35세인 근로자의 경우 1.5억 원을 넘어가면 자금출처조사를 받을 수 있다.

둘째, 입증금액을 파악한다.

자금출처로 입증해야 하는 금액은 통상 취득자금의 80%까지다. 현행 세법에서는 입증되지 않는 금액이 다음 둘 중 적은 금액에 미달하면 입증책임을 면제하기 때문이다.

· 입증되지 않는 금액* ＜ Min(① 취득가액 ×20%, ② 2억 원)
  * 취득자금 - 입증금액을 말한다.

사례의 경우 입증되지 않는 금액(3억 원)이 취득가액의 20%(1억 원)와 2억 원 중 적은 금액인 1억 원보다 크므로 이 제도를 적용받게 된다. 따라서 입증하지 못한 전액 3억 원이 증여세 과세대상이 된다.

셋째, 입증서류를 준비한다.

자금출처 소명은 1차적으로 소득세 납세증명서, 원천징수영수증, 매매계약서, 부채증명서, 임대차계약서 사본 등으로 한다. 그리고 추가 소명을 요구한 경우에는 통장사본 등으로 입증하도록 한다.

Tip 통장사본 없이 자금출처 입증을 하면 되는 경우

자금출처에 대한 입증을 할 때 소득자료를 통해 하는 것이 일반적이다. 즉 통장사본을 제출하지 않아도 된다. 다음 예규를 참조하자.

※ 재산-1578, 2009. 7. 30.

[제목]
재산취득자금출처 인정범위

[요지]
본인의 급여소득은 총지급금액에서 원천징수세액을 공제한 금액이 자금출처로 인정되는 것이며, 부동산 임대소득은 신고하였거나 과세받은 소득금액에서 당해 소득에 대한 소득세 등 공과금상당액을 차감한 가액이 자금출처로 인정되는 것임.

[회신]
「상속세 및 증여세법」 제45조 및 같은 법 시행령 제34조의 규정에 의하여 재산취득자금의 출처에 대한 소명을 요구받은 재산취득자가 본인의 소득금액이나 상속·증여받은 재산 및 재산을 처분한 대가로 받은 금전 등을 자금출처로 제시하여 입증되는 경우에는 증여세를 과세하지 아니하는 것이나, 자금출처를 입증하지 못한 금액에 대해서는 증여세가 과세되는 것임. 귀 질의의 경우 본인의 급여소득은 총지급금액에서 원천징수세액을 공제한 금액이 자금출처로 인정되는 것이며, 부동산 임대소득은 신고하였거나 과세받은 소득금액에서 당해 소득에 대한 소득세 등 공과금상당액을 차감한 가액이 자금출처로 인정되는 것임.

가족으로부터 빌린 돈은 어떻게 입증할까?

 자금출처로 차용증을 준비하는 경우가 많다. 물론 실제 차입이면 세법상 문제는 없지만, 사실상 증여에 해당됨에도 불구하고 이를 차입으로 위장하는 경우가 있다는 것은 문제가 된다. 그렇다면 이 차용증은 세법상 인정이 될까? 이에 대한 판단문제는 자금출처조사 실무에서 매우 중요하다.

1. 직계존비속 간 금전소비대차의 인정 여부

1) 원칙

 직계존비속 간의 금전소비대차는 원칙적으로 인정되지 아니한다(상증법 기본통칙 45-34…1①4 참조). 따라서 이렇게 되면 증여에 해당할 수 있다.

2) 예외

사실상 소비대차계약에 의해 자금을 차입해 사용하고, 추후 이를 변제하는 사실이 이자 및 원금변제에 관한 증빙 및 담보설정, 채권자확인서 등에 의해 확인되는 경우에는 차입한 금전에 대해서는 이를 차입으로 인정한다.

3) 결론

가족 간 자금거래가 차입인지, 증여인지의 여부의 확인은 거래 당사자가 아닌 과세관청이 함에 유의해야 한다. 세법은 차입한 금전에 대해 증여세가 과세되는지 여부는 차주가 사실상 금전을 차입하고 이를 변제할 능력이 있는지 여부, 자금출처가 확인되는 자금으로 이자 및 원금을 지급하는지 여부, 담보설정, 채권자확인서 등 구체적인 사실을 종합해 관할 세무서장이 판단하도록 하고 있기 때문이다.

따라서 거래 당사자들은 차입으로 인정받기 위해서는 미리 입증자료 등을 구비해두는 것이 일차적으로 중요하다. 그리고 실제 조사가 발생한 경우에는 적정 이자율에 따른 증여세 또는 이자소득세 납부내역, 차용증 등을 제출한다.[24]

---

24) 차용증은 무조건 인정되는 것은 아님에 유의할 필요가 있다.

2. 금전소비대차가 인정되는 경우 세무처리법

1) 적정 이자를 지급한 경우

적정 이자를 지급하는 경우에는 세법상 문제가 없다. 여기서 '적정 이자'란 세법에서 정한 이자율 4.6%로 정해진 이자를 말한다. 참고로 이를 지급할 때에는 27.5% 상당액을 원천징수해야 하고, 이를 수령하는 자는 소득세 신고의무가 있다.

2) 이자를 지급하지 않는 경우

이 경우에는 상증법 제41조의 4의 규정에 의해 금전을 무상으로 또는 적정 이자율(4.6%)보다 낮은 이자율로 대부받은 경우에는 그 금전을 대부받은 날에 무상으로 대부받은 금액에 적정 이자율(4.6%)을 곱한 가액, 적정 이자율보다 낮은 이자율로 대부받은 경우에는 대부금액에 적정 이자율을 곱한 가액에서 실제 지급한 이자상당액을 차감한 가액을 증여받은 것으로 본다. 다만, 해당 금액이 1천만 원 이하는 증여로 보지 않는다(1년 기준).

Q. 자금출처조사 입증수단 중 부채는 어느 범위까지 인정이 될까?

자금출처조사의 입증수단으로 부채가 동원되는 경우가 많다. 종류별로 입증력을 가늠해보자.

예) 금융기관을 통해 발생한 부채 : 입증방법으로 가장 확실하다.
 - 가족 간에 발생한 부채 : 원칙적으로 배우자 및 직계존비속 간의 소비대차는 인정이 되지 않는다.

- 금융기관이 아닌 제3자를 통해 발생한 부채 : 입증방법으로 사용할 수 있으나, 개인 간에 지급되는 이자에 대해서는 원천징수의무를 이행해야 한다.

3. 적용 사례

사례를 통해 앞의 내용을 확인해보자.

> 서울 강남구 역삼동에 살고 있는 강탄탄 씨는 부동산 취득자금이 필요한데, 은행에서 대출을 받을까, 아니면 부친에게서 자금을 충당하고 이자를 지급할까 고민하고 있다. 만일 강 씨가 부친에게 적정 이자를 지급하는 방식으로 차입하면 상증법상 증여세 문제는 없을까?

첫째, 쟁점은?

강 씨가 부친으로부터 차입한 금액에 대해 증여세가 과세될 수 있는지가 관건이다.

둘째, 세법상의 규정은?

세법은 직계존비속 간의 금전소비대차는 원칙적으로 인정하지 않으며, 부모에게서 자금을 차입하면 이때 증여받은 것으로 추정한다. 따라서 금전소비대차계약에 의해 자금을 차입 사용하고 추후 이를 변제하는 사실이 이자 및 원금변제에 관한 증빙 및 담보설정, 채권자확인서 등에 의해 확인되지 않으면 차입한 금전에 대해 증여세가 과세될 수 있다.

셋째, 해법은?

일단 강 씨의 입장에서는 금융증빙자료(차용증, 금융거래내역 등) 등을 갖추어 차입임을 객관적으로 입증할 필요가 있다.

※ 금전 소비대차 계약서(차용증) 샘플

금전 소비대차 계약서(차용증)

대여인 : _____(이하 "갑"이라 함)과
차용인 : _____(이하 "을"이라 함)은

아래와 같이 금전소비대차 계약서를 작성하고 각 조항을 확약한다.

제1조【거래조건】
(1) 대여금액 : _____ 원
(2) 대여기간 : 20__년__월__일부터 20__년__월__일까지
(3) 대여이자율 : 대여금에 대한 이자는 상증법에서 정하고 있는 당좌대월이자(4.6%)로 지급할 것을 약정한다.

제2조【상환방법】 상환일 만료일에 전액 상환한다.

제3조【이자지급방법】 이자지급은 20__년__월__일로 한다.

20__년__월__일

대여인(갑) - 성   명 :   (인)
          - 주   소 :
          - 사업자등록번호 :

차용인(을) - 성   명 :   (인)
          - 주   소 :
          - 주민등록번호 :

※ 저자 주
금전소비대차계약은 금전거래가 일어나기 전에 작성하고, 금액이 큰 경우에는 공증을 받아두는 것이 안전하다. 다만, 공증을 했다고 무조건 차용증이 인정되는 것은 아님에 유의할 필요가 있다.

| 심층분석 | 금전소비대차 차용증 관련 Q&A

차용증은 사인(私人) 간의 차입거래를 확인하는 서류에 해당한다. 그런데 이를 둘러싸고 다양한 세무상 쟁점들이 발생한다. 이에 대해 정리해보자.

Q. 가족 간에 차입하면 채무를 인수하지 않는 것으로 추정한다. 이는 무슨 말인가?

A. 가족 간의 차입은 무조건 인정하지 않는다는 것을 의미한다. 따라서 거래 당사자가 차입임을 입증하지 못하면 해당 금액을 증여로 보게 된다.

> ※ 관련 심판례 : 조심2011서252, 2011. 8. 9.
> 차용증서 없이 금전소비대차한 경우라도 실제로 상환하였다면 금융거래를 통하여 변제된 객관적 사실만큼 구체적인 것은 없다고 할 것이므로, 이건도 청구인이 어머니에게 상환한 것이 금융증빙으로 확인되는 금액은 금전소비대차로 인정함이 타당하다.
>
> ※ 심사증여2008-22, 2008. 5. 26.
> 수증자가 증여자의 채무를 인수하였는지 여부는 명의변경과 관계없이 당해 채무를 사실상 누가 부담하고 있는지 여부 등 실질내용에 따라 판단하는 것임.

Q. 미성년자도 차용증을 작성할 수 있는가?

A. 작성은 할 수 있으나 차입거래로 인정받지 못할 가능성이 높다. 변제능력이 떨어지기 때문이다. 다만, 부채가 인정되는 경우도 있을 수 있는데, 이때 미성년자가 부채를 상환하게 되면 부채 상환금액에 대해서도 자금출처조사를 시행해 증여세를 추징할 수 있다.

Q. 고령자도 차용증을 작성할 수 있는가?
A. 그렇다. 하지만 차입거래임을 입증하지 못하면 차입금으로 인정받지 못할 수 있다.

Q. 전업주부도 차용증이 인정되는가?
A. 앞의 미성년자나 고령자와 궤를 같이 한다.

Q. 차입기간은 얼마나 해야 하는가?
A. 이에 대해서는 명문화된 것은 없다. 하지만 차입기간이 없는 경우에는 차입사실이 불분명한 것으로 보아 차입으로 인정받지 못할 가능성이 있다.

Q. 이자는 반드시 지급해야 하는가?
A. 무이자라도 문제는 없다. 하지만 차입에 대한 입증력을 높이기 위해서는 가급적 이자를 지급하는 것이 좋다.

Q. 이자율은 몇 %로 해야 하는가?
A. 자유의사대로 정하면 된다. 다만, 세법에서는 4.6%의 기준을 두고 있으므로 이를 토대로 정하는 경우가 많다.

Q. 이자를 지급받으면 어떤 세금을 내야 하는가?
A. 이자를 받은 자는 소득이 발생했으므로 이에 대해서는 소득세 납세의무가 있다.

Q. 이자소득세는 어떻게 신고해야 하는가?
A. 이자소득세는 분리과세로 종결되거나 종합과세로 신고해야 한다. 배당소득과 다른 이자소득을 합해 2천만 원 이하이면 원천징수된 세금만 납부하면 되며, 이를 초과하면 다음 해 5월 중에 다른 소득에 합해 종합과세로 신고 및 납부를 해야 한다.

Q. 이자를 지급할 때 어떤 의무가 있는가?
A. 원천징수의무가 있다. 세율은 25%이며, 지방소득세율을 합하면 27.5%가 된다.

Q. 원천징수한 세금은 어떻게 신고해야 하는가?
A. 개인이 직접 홈택스 사이트 등을 통해 신고해야 한다. 납부는 은행 등을 통해 납부하면 된다.

Q. 채권자가 불분명하면 원천징수세율이 90%라고 하는데, 이는 무슨 말인가?
A. 금융실명법을 위반한 경우 원천징수세율이 높게 나오는 경우가 있다. 제6장에서 정리하고 있다.

Q. 원천징수의무를 하지 않으면 어떤 불이익이 있는가?
A. 가산세가 발생한다. 가산세는 미납세액×3%에 '(과소·무납부세액×2.5/10,000×경과일수)≤10%'만큼 부과된다.

Q. 차용증은 공증을 받아야 할까?
A. 공증을 반드시 받아야 하는 것은 아니다.

제4장

지자체에의 부동산 거래신고

부동산 거래신고는 어떻게 할까?

 이제 앞에서 공부한 내용들을 바탕으로 실전에서 알아야 할 내용들을 순차적으로 알아보자. 먼저 부동산 거래신고부터 알아보자. 부동산을 거래하면 거래 당사자들은 부동산거래신고법에 따라 부동산 거래내역에 대한 신고를 해야 한다. 이 과정에서 앞에서 본 자금조달계획서와 거래증빙이 제출되고 있다.

1. 부동산 거래의 신고

 부동산거래신고법 제3조에서는 부동산 거래신고에 관한 내용을 정하고 있다. 제1항을 위주로 살펴보자.

① 거래 당사자는 다음 각 호의 어느 하나에 해당하는 계약을 체결한 경우 그 실제 거래가격 등 대통령령으로 정하는 사항을 거래계약의 체결일부터 30일 이내에 그 권리의 대상인 부동산 등의 소재지를 관할하는 시장·군수 또는 구청장(이하 "신고관청"이라 한다)에게 공동으로 신고해야 한다.

1. 부동산의 매매계약
2. 「택지개발촉진법」, 「주택법」 등 대통령령으로 정하는 법률에 따른 부동산에 대한 공급계약
3. 다음 각 목의 어느 하나에 해당하는 지위의 매매계약
   가. 제2호에 따른 계약을 통하여 부동산을 공급받는 자로 선정된 지위
   나. 「도시 및 주거환경정비법」 제74조에 따른 관리처분계획의 인가 및 「빈집 및 소규모주택 정비에 관한 특례법」 제29조에 따른 사업시행계획인가로 취득한 입주자로 선정된 지위

앞의 내용을 좀 더 자세히 살펴보자.

첫째, 부동산 거래신고는 거래계약의 체결일로부터 30일 내에 해야 한다.

둘째, 거래신고의 주체는 거래 당사자가 된다. 다만, 개업중개사가 중개한 경우에는 개업중개사가 된다.

셋째, 거래신고의 대상은 다음과 같다.
· 부동산의 매매계약
· 공급계약
· 전매계약(분양권, 입주권)

따라서 주택이나 상가 같이 완성된 부동산이나 분양권, 입주권을 거래하면 부동산 거래신고를 해야 한다. 참고로 증여의 경우에는 이러한 신고의 대상이 되지 않는다.

넷째, 실제 거래가격 등 대통령령으로 정하는 사항을 부동산 등 소재지의 관할 지자체에 신고해야 한다. 이에 대해서는 다음에서 별도로 살펴본다.

2. 거래신고의 내용

부동산 거래신고 시에는 "그 실제 거래가격 등 대통령령으로 정하는 사항"을 신고해야 한다. 여기서 대통령령은 동법 시행령 제3조 제1항을 말하는데, 다음과 같이 규정되어 있다.

> ① 법 제3조 제1항 각 호 외의 부분 본문에서 "그 실제 거래가격 등 대통령령으로 정하는 사항"이란 별표 1에서 정하는 사항을 말한다.〈개정 2020. 10. 27〉

이 개정 규정은 2020년 10월 27일부터 적용되고 있는데, 자세한 내용은 다음과 같은 별표로 정리가 되어 있다.

구분	신고사항

1. 공통	가. 거래당사자의 인적사항
	나. 계약 체결일, 중도금 지급일 및 잔금 지급일
	다. 거래대상 부동산 등(부동산을 취득할 수 있는 권리[25]에 관한 계약의 경우에는 그 권리의 대상인 부동산을 말한다)의 소재지·지번·지목 및 면적
	라. 거래대상 부동산 등의 종류(부동산을 취득할 수 있는 권리에 관한 계약의 경우에는 그 권리의 종류를 말한다)
	마. 실제 거래가격
	바. 계약의 조건이나 기한이 있는 경우에는 그 조건 또는 기한
	사. 개업공인중개사가 거래계약서를 작성·교부한 경우에는 다음의 사항
	  1) 개업공인중개사의 인적사항
	  2) 개업공인중개사가 「공인중개사법」 제9조에 따라 개설등록한 중개사무소의 상호·전화번호 및 소재지

2. 법인이 주택의 거래계약을 체결하는 경우	가. 법인의 현황에 관한 다음의 사항
	  1) 법인의 등기 현황
	  2) 법인과 거래상대방 간의 관계가 다음의 어느 하나에 해당하는지 여부[26]
	    가) 거래상대방이 개인인 경우 : 그 개인이 해당 법인의 임원이거나 법인의 임원과 친족관계가 있는 경우
	    나) 거래상대방이 법인인 경우 : 거래당사자인 매도법인과 매수법인의 임원 중 같은 사람이 있거나 거래당사자인 매도법인과 매수법인의 임원 간 친족관계가 있는 경우
	나. 주택 취득목적 및 취득 자금 등에 관한 다음의 사항(법인이 주택의 매수자인 경우만 해당한다)
	  1) 거래대상인 주택의 취득목적
	  2) 거래대상 주택의 취득에 필요한 자금의 조달계획 및 지급방식. 이 경우 투기과열지구에 소재하는 주택의 거래계약을 체결한 경우에는 자금의 조달계획을 증명하는 서류로서 국토교통부령으로 정하는 서류를 첨부해야 한다.[27]
	  3) 임대 등 거래대상 주택의 이용계획

---

25) 분양권, 입주권 등을 말한다.
26) 이는 법인과 특수관계인 간의 거래인지의 여부를 밝혀 조사의 강도를 달리하겠다는 취지가 있다.
27) 법인이 투기과열지구 내의 주택을 취득한 경우에도 거래증빙을 제출해야 한다.

3. 법인 외의 자가 실제 거래가격이 6억 원 이상인 주택을 매수하거나 투기과열지구 또는 조정대상지역에 소재하는 주택을 매수하는 경우	가. 거래대상 주택의 취득에 필요한 자금의 조달계획 및 지급방식. 이 경우 투기과열지구에 소재하는 주택의 거래계약을 체결한 경우 매수자는 자금의 조달계획을 증명하는 서류로서 국토교통부령으로 정하는 서류를 첨부해야 한다. 나. 거래대상 주택에 매수자 본인이 입주할지 여부, 입주 예정 시기 등 거래대상 주택의 이용계획

위 표의 1은 개인과 법인에게 공통적으로 적용되는 내용으로, 2는 법인과 관련된 내용, 3은 개인에게 적용되는 내용에 해당한다. 특히 3의 경우 규제지역은 모든 주택 거래에 대해, 비규제지역은 거래가격이 6억 원 이상이 되는 경우에 한해 자금조달계획서를 제출하도록 하고 있다.

Tip 부동산 거래신고와 관련해 궁금한 사항들 Q&A

Q. 직거래를 하면 누가 신고하는가?
A. 매도인과 매수인이 공동으로 신고하는 것이 원칙이다. 만일 상대방이 거부하면 단독신고사유서를 제출한다. 공동명의 등은 부동산거래계약신고서(실거래신고서) 작성법(신고서 뒷면)을 참조하자.

Q. 부담부증여는 어떻게 신고하는가?
A. 부담부증여는 매매계약이 아니므로 거래신고 대상이 아니다.

Q. 거래가 무효, 취소되면 어떻게 해야 하는가?
A. 사유발생일로부터 30일 내에 변경신고를 해야 한다.

Q. 부동산거래신고법을 위반하면 어떤 불이익이 있는가?
A. 과태료가 부과될 수 있다. 이외에도 다른 법률에 따른 불이익을 받을 수 있다.

■ 부동산거래신고 등에 관한 법률 시행규칙 [별지 제1호서식] <개정 2020. 2. 27.>   부동산거래관리시스템(rtms.molit.go.kr)에서도 신청할 수 있습니다.

부동산거래계약신고서

※ 뒤쪽의 유의사항 작성방법을 읽고 작성하시기 바라며, [ ]에는 해당하는 곳에 ✓표를 합니다. (앞쪽)

접수번호		접수일시		처리기간	지체 없이
① 매도인	성명(법인명)		주민등록번호(법인·외국인등록번호)		국적
	주소(법인소재지)			거래지분 비율 (분의)	
	전화번호		휴대전화번호		
② 매수인	성명(법인명)		주민등록번호(법인·외국인등록번호)		국적
	주소(법인소재지)			거래지분 비율 (분의)	
	전화번호		휴대전화번호		
	③ 자금조달 및 입주 계획	[ ]제출 [ ]매수인 별도제출 [ ]해당 없음			
	외국인의 부동산 등 매수용도	[ ]주거용(아파트) [ ]주거용(단독주택) [ ]주거용(그 밖의 주택) [ ]레저용 [ ]상업용 [ ]공업용 [ ]그 밖의 용도			
개업 공인중개사	성명(법인명)		주민등록번호(법인·외국인등록번호)		
	전화번호		휴대전화번호		
	상호		등록번호		
	사무소 소재지				
거래대상	종류	④ [ ]토지 [ ]건축물 ( ) [ ]토지 및 건축물 ( )			
		⑤ [ ]공급계약 [ ]전매 [ ]분양권 [ ]입주권 [ ]준공 전 [ ]준공 후 [ ]임대주택 분양전환			
	⑥ 소재지/지목/면적	소재지			
		지목	토지 면적 ㎡	토지 거래지분 (분의)	
		대지권 비율 (분의)	건축물 면적 ㎡	건축물 거래지분 (분의)	
	⑦ 계약대상 면적	토지 ㎡	건축물 ㎡		
	⑧ 물건별 거래가격	공급계약 또는 전매	분양가격 원	발코니 확장 등 선택비용 원	추가 지불액 등 원
⑨ 총실제거래 가격(전체)	합계 원	계약금 원		계약 체결일	
		중도금 원		중도금 지급일	
		잔금 원		잔금 지급일	
⑩ 종전 부동산	소재지/지목 /면적	소재지			
		지목	토지 면적 ㎡	토지 거래지분 (분의)	
		대지권 비율 (분의)	건축물 면적 ㎡	건축물 거래지분 (분의)	
	계약대상 면적	토지 ㎡	건축물 ㎡	건축물 유형	
	거래금액	합계 원	추가 지불액 등 원	권리가격 원	
		계약금 원	중도금 원	잔금 원	
⑪ 계약의 조건 및 참고사항					

「부동산 거래신고 등에 관한 법률」 제3조 제1항부터 제4항까지 및 같은 법 시행규칙 제2조 제1항부터 제4항까지의 규정에 따라 위와 같이 부동산 거래계약 내용을 신고합니다.

년 월 일

신고인 매도인 :   (서명 또는 인)
        매수인 :   (서명 또는 인)
        개업공인중개사 :   (서명 또는 인)
        (개업공인중개사 중개 시)

시장·군수·구청장 귀하

210mm×297mm[백상지(80g/㎡) 또는 중질지(80g/㎡)]

(뒷쪽)

첨부서류	1. 부동산 거래계약서 사본(「부동산 거래신고 등에 관한 법률」 제3조 제2항 또는 제4항에 따라 단독으로 부동산 거래의 신고를 하는 경우에만 해당합니다) 2. 단독신고사유서(「부동산 거래신고 등에 관한 법률」 제3조 제2항 또는 제4항에 따라 단독으로 부동산 거래의 신고를 하는 경우에만 해당합니다)

유의사항

1. 「부동산 거래신고 등에 관한 법률」 제3조 및 같은 법 시행령 제3조의 실제 거래가격은 매수인이 매수한 부동산을 양도하는 경우 「소득세법」 제97조 제1항·제7항 및 같은 법 시행령 제163조 제11항 제2호에 따라 취득 당시의 실제 거래가격으로 보아 양도차익이 계산될 수 있음을 유의하시기 바랍니다.
2. 거래 당사자 간 직접거래의 경우에는 공동으로 신고서에 서명 또는 날인을 하여 거래 당사자 중 일방이 신고서를 제출하고, 중개거래의 경우에는 개업공인중개사가 신고서를 제출해야 하며, 거래 당사자 중 일방이 국가 및 지자체, 공공기관인 경우(국가등)에는 국가 등이 신고하여 합니다.
3. 부동산 거래계약 내용을 기간 내에 신고하지 않거나, 거짓으로 신고하는 경우 「부동산 거래신고 등에 관한 법률」 제28조 제1항부터 제3항까지의 규정에 따라 과태료가 부과되며, 신고한 계약이 해제, 무효 또는 취소가 된 경우 거래 당사자는 해제 등이 확정된 날로부터 30일 이내에 같은 법 제3조의 2에 따라 신고를 해야 합니다.
4. 담당 공무원은 「부동산 거래신고 등에 관한 법률」 제6조에 따라 거래 당사자 또는 개업공인중개사에게 거래계약서, 거래대금 지급 증명 자료 등 관련 자료의 제출을 요구할 수 있으며, 이 경우 자료를 제출하지 않거나, 거짓으로 자료를 제출하거나, 그 밖의 필요한 조치를 이행하지 않으면 같은 법 제28조 제1항 또는 제2항에 따라 과태료가 부과됩니다.
5. 거래대상의 종류가 공급계약(분양) 또는 전매계약(분양권, 입주권)인 경우 ⑧ 물건별 거래가격 및 ⑨ 총실제거래가격에 부가가치세를 포함한 금액을 적고, 그 외의 거래대상의 경우 부가가치세를 제외한 금액을 적습니다.

작성방법

① · ② 거래 당사자가 다수인 경우 매도인 또는 매수인의 주소란에 ⑥의 거래대상별 거래지분을 기준으로 각자의 거래 지분 비율(매도인과 매수인의 거래지분 비율은 일치해야 합니다)을 표시하고, 거래 당사자가 외국인인 경우 거래 당사자의 국적을 반드시 적어야 하며, 외국인이 부동산 등을 매수하는 경우 매수용도란의 주거용(아파트), 주거용(단독주택), 주거용(그 밖의 주택), 레저용, 상업용, 공장용, 그 밖의 용도 중 하나에 √표시를 합니다.
③ 자금조달 및 입주 계획란은 투기과열지구에 소재한 주택으로서 실제 거래가격이 3억 원 이상인 주택을 거래하는 경우(주택을 포함한 다수 부동산을 거래하는 경우 각 주택의 거래가격이 3억 원 이상인 경우를 포함한다) 별지 제1호의2서식의 계획서를 이 신고서와 함께 제출하는지 또는 매수인이 별도 제출하는지에 √표시하고, 그 밖의 경우에는 해당 없음에 √표시를 합니다.
④ 부동산 매매의 경우 "종류"에는 토지, 건축물 또는 토지 및 건축물(복합 부동산의 경우)에 √표시를 하고, 해당 부동산이 "건축물" 또는 "토지 및 건축물"인 경우에는 ( )에 건축물의 종류를 아파트, 연립주택, 다세대주택, 단독주택, 다가구주택, 오피스텔, 근린생활시설, 사무소, 공장 등 「건축법 시행령」 별표 1에 따른 용도별 건축물의 종류를 적습니다.
⑤ 공급계약은 시행사 또는 건축주가 최초로 부동산을 공급(분양)하는 계약을 말하며, 준공 전과 준공 후 계약 여부에 따라 √표시하고, "임대주택 분양전환"은 임대주택사업자 (법인으로 한정)이 임대기한이 완료되어 분양전환하는 주택인 경우에 √표시합니다. 전매는 부동산을 취득할 수 있는 권리의 매매로서, '분양권' 또는 '입주권'에 √표시를 합니다.
⑥ 소재지는 지번(아파트 또는 집합건축물의 경우에는 동·호수)까지, 지목/면적은 토지대장상의 지목·면적, 건축물대장상의 건축물 면적(집합건축물의 경우 호별 전용면적, 그 밖의 건축물의 경우 연면적), 등기사항증명서상의 대지권 비율, 각 거래대상의 토지와 건축물에 대한 거래 지분을 정확하게 적습니다.
⑦ 계약대상 면적에는 실제 거래면적을 계산하여 적되, 건축물 면적은 집합건축물의 경우 전용면적을 적고, 그 밖의 건축물의 경우 연면적을 적습니다.
⑧ 물건별 거래가격란에는 각각의 부동산별 거래가격을 적습니다. 최초 공급계약(분양) 또는 전매계약(분양권, 입주권)의 경우 분양가격, 발코니 확장 등 선택비용 및 추가 지불액 등(프리미엄 등 분양가격을 초과 또는 미달하는 금액)을 각각 적습니다. 이 경우 각각의 비용에 부가가치세가 있는 경우 부가가치세를 포함한 금액으로 적습니다.
⑨ 총실제거래가격란에는 전체 거래가격(둘 이상의 부동산을 함께 거래하는 경우 각각의 부동산별 거래가격의 합계 금액)을 적고, 계약금/중도금/잔금 및 그 지급일을 적습니다.
⑩ 종전 부동산란은 입주권 매매의 경우에만 작성하고, 거래금액란에는 추가 지불액 등(프리미엄 등 분양가격을 초과 또는 미달하는 금액)과 권리가격, 합계 금액, 계약금, 중도금, 잔금을 적습니다.
⑪ 계약의 조건 및 참고사항란은 부동산 거래계약 내용에 계약조건이나 기한을 붙인 경우, 거래와 관련된 참고내용이 있을 경우에 적습니다.

※ 다수의 부동산, 관련 필지, 매도·매수인, 개업공인중개사 등 기재사항이 복잡한 경우에는 다른 용지에 작성하여 간인 처리한 후 첨부합니다.
※ 소유권이전등기 신청은 「부동산 등기 특별조치법」 제2조 제1항 각 호의 구분에 따른 날부터 60일 이내에 신청해야 하며, 이를 해태한 때에는 같은 법 제11조에 따라 과태료가 부과될 수 있으니 유의하시기 바랍니다.

처리절차

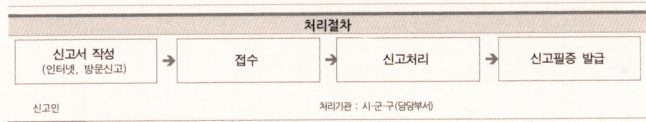

신고인 → 처리기관 : 시·군·구 (담당부서)

제**4**장 지자체에의 부동산 거래신고

자금조달계획서와 입주계획서의 제출 취지는?

자금조달계획서는 말 그대로 해당 주택의 취득자금을 어떤 식으로 조달할 것인지에 대한 계획서를 말한다. 이에 반해 입주계획서는 주택취득자가 어떤 용도로 사용할 것인지에 대한 계획서를 말한다. 따라서 확정되지 않는 내용을 기재하므로 향후 실제와 차이가 날 수 있다는 점도 고려할 필요가 있다. 그렇다면 이에 대한 계획서를 제출받는 이유는 뭘까?

1. 자금조달계획서

이는 부동산 거래가액에 대한 적정성 조사, 증여세 탈루혐의 등을 적발하기 위해 제출을 받는다. 이는 크게 두 가지 항목으로 구분된다.

1) 자금조달계획

부동산 취득자금에 대한 조달계획을 말한다. 일반적으로 부동산 취득자금은 크게 자기자금과 타인자금(차입금 등)으로 구성된다. 따라서 이를 좀 더 세부적으로 구분하면 자금조달의 원천을 쉽게 확인할 수 있게 된다.

자기자금	② 금융기관 예금액 원	③ 주식·채권 매각대금 원
	④ 증여·상속 원	⑤ 현금 등 그 밖의 자금 원
	[ ] 부부 [ ] 직계존비속 (관계:) [ ] 그 밖의 관계( )	[ ] 보유 현금 [ ] 그 밖의 자산 (종류:)
	⑥ 부동산 처분대금 등 원	⑦ 소계 원
차입금 등	⑧ 금융기관 대출액 합계 원	주택담보대출	원
		신용대출	원
		그 밖의 대출 (대출 종류:)	원
	기존 주택 보유 여부(주택담보대출이 있는 경우만 기재) [ ] 미보유 [ ] 보유 (건)		
	⑨ 임대보증금 원	⑩ 회사지원금·사채 원	
	⑪ 그 밖의 차입금 원	⑫ 소계	
	[ ] 부부 [ ] 직계존비속(관계:) [ ] 그 밖의 관계( )		원
⑬ 합계			

참고로 이러한 자금조달계획서상의 기재사항은 자금조달원 정도가 표시될 뿐이지 이를 통해 바로 탈세 등이 확인되지 않는다.

예를 들어 아버지에게 증여받은 돈 5억 원을 금융기관에 예금해두었다면 자기자금란의 ②의 항목에 기재가 되는데, 이 자금이 증여에 의한 금액인지, 아닌지는 서류만 가지고는 판단하기 힘들다. 이 점이 자금조달계획서의 한계에 해당한다. 결국 해당 자금이 증여에 해당하는지, 아닌지는 관할 세무서에서의 조사를 거쳐 확인될 수밖에 없다.

2) 조달자금 지급방식

최근 자금조달계획서의 서식 하단에 다음과 같은 내용이 추가되었다.

총거래금액	원
⑮ 계좌이체 금액	원
⑯ 보증금·대출 승계 금액	원
⑰ 현금 및 그 밖의 지급방식 금액	원
지급 사유 ( )	

이는 조달된 자금을 어떤 방법으로 전달했는지를 알아보기 위한 것이다. 예를 들어 거래금액이 10억 원이고, 이 중 10억 원을 현금으로 지급했다면 ⑰에 기재가 된다. 따라서 이러한 지급방식은 일반적이지 않으므로 이에 대한 집중적인 조사가 뒤따를 가능성이 높아진다. 조달자금 지급방식은 이러한 효과를 얻기 위해 신설되었다고 봐도 무방하다.

- '계좌이체 등 금액' : 은행 등 금융기관을 통해 자금을 이체해서 지급하는 방식인 경우 해당 금액을 기재
- '보증금·대출 승계 등 금액' : 계약 시 매수인이 인수한 매도인의 대출금액 또는 임대차 계약의 보증금 등을 기재
- '현금 및 그 밖의 지급방식 금액' : 현금으로 지급하거나 기타 자산으로 지급한 해당 금액을 기재하고, 계좌이체 등을 활용하지 않고 현금으로 지급한 사유 등을 구체적으로 기재

2. 입주계획서

입주계획서는 본인이나 가족, 임대 등으로 구분기재 하게끔 되어 있다.

[ ] 본인입주 [ ] 본인 외 가족입주 (입주 예정 시기 : 년 월)	[ ] 임대 (전·월세)	[ ] 그 밖의 경우 (재건축 등)

1) 본인입주

본인입주와 관련해서는 세무상 쟁점 등이 거의 발생하지 않는다. 다만, 본인 외 가족이 입주하는 경우에는 무상임대에 해당하면 증여세의 문제가 발생할 수 있다. 이외에 주택임대사업자의 경우 세제혜택을 받을 수 있는 임대주택에서 제외될 수 있다.

2) 임대

입주계획서에서는 임대를 위해 취득한 경우가 집중적인 감시를 받을 가능성이 높다. 왜냐하면 투자 목적임이 드러나기 때문이다. 따라서 해당 주택취득자가 다주택자에 해당하는 경우에는 자금출처조사를 실시해 임대소득세에 대한 조사를 병행할 가능성이 높다.[28]

3) 그 밖의 경우

이 경우에는 세무상 쟁점이 그렇게 크게 발생하지 않을 것으로 보인다.

> **Tip 계획서의 내용이 달라지는 경우**
>
> 자금조달계획서는 말 그대로 계획서에 불과하므로 향후 그 내용이 달라질 수 있다. 따라서 소명요구가 오기 전이라도 정정신고를 해도 무방하며, 소용 요구 시에 소명해도 문제가 크지 않을 것으로 판단된다.

---

[28] 임대주택으로 등록한 경우에는 민간임대주택법과 각종 세법에서 정한 의무가 상당히 강하다.

■ 부동산 거래신고 등에 관한 법률 시행규칙 [별지 제1호의 2서식] <개정 2020. 3. 13>   부동산 거래관리시스템(rtms.molit.go.kr)에서도 신청할 수 있습니다.

주택취득자금 조달 및 입주계획서

※ 색상이 어두운 난은 신청인이 적지 않으며, [ ]에는 해당되는 곳에 √표시를 합니다. (앞쪽)

접수번호		접수일시		처리기간	
제출인 (매수인)	성명(법인명)			주민등록번호(법인·외국인등록번호)	
	주소(법인소재지)			(휴대)전화번호	

① 자금 조달계획	자기자금	② 금융기관 예금액	원	③ 주식·채권 매각대금	원
		④ 증여·상속 원 [ ] 부부 [ ] 직계존비속(관계:) [ ] 그 밖의 관계( )		⑤ 현금 등 그 밖의 자금 원 [ ] 보유 현금 [ ] 그 밖의 자산(종류:)	
		⑥ 부동산 처분대금 등	원	⑦ 소계	원
	차입금 등	⑧ 금융기관 대출액 합계 원	주택담보대출		원
			신용대출		원
			그 밖의 대출		원 (대출 종류:)
		기존 주택 보유 여부(주택담보대출이 있는 경우만 기재) [ ] 미보유 [ ] 보유 (건)			
		⑨ 임대보증금	원	⑩ 회사지원금·사채	원
		⑪ 그 밖의 차입금 원 [ ] 부부 [ ] 직계존비속(관계:) [ ] 그 밖의 관계( )		⑫ 소계	원
	⑬ 합계				원

⑭ 조달자금 지급방식	총거래금액	원
	⑮ 계좌이체 금액	원
	⑯ 보증금·대출 승계 금액	원
	⑰ 현금 및 그 밖의 지급방식 금액	원
	지급 사유 ( )	

| ⑱ 입주 계획 | [ ] 본인입주 [ ] 본인 외 가족입주 (입주 예정 시기: 년 월) | [ ] 임대 (전·월세) | [ ] 그 밖의 경우 (재건축 등) |

「부동산 거래신고 등에 관한 법률 시행령」 제3조 제1항, 같은 법 시행규칙 제2조 제5항부터 제8항까지의 규정에 따라 위와 같이 주택취득자금 조달 및 입주계획서를 제출합니다.

년 월 일

제출인 (서명 또는 인)

시장·군수·구청장 귀하

유의사항

1. 제출하신 주택취득자금 조달 및 입주계획서는 국세청 등 관계기관에 통보되어, 신고내역 조사 및 관련 세법에 따른 조사 시 참고자료로 활용됩니다.
2. 주택취득자금 조달 및 입주계획서(첨부서류 제출대상인 경우 첨부서류를 포함합니다)를 계약체결일부터 30일 이내에 제출하지 않거나 거짓으로 작성하는 경우「부동산 거래신고 등에 관한 법률」제28조 제2항 또는 제3항에 따라 과태료가 부과되오니 유의하시기 바랍니다.
3. 이 서식은 부동산 거래계약 신고서 접수 전에는 제출이 불가하오니 별도 제출하는 경우에는 미리 부동산 거래계약 신고서의 제출여부를 신고서 제출자 또는 신고관청에 확인하시기 바랍니다.

210mm×297mm[백상지(80g/㎡) 또는 중질지(80g/㎡)]

자금조달계획서는 어떻게 제출해야 하는가?

　자금조달계획서는 부동산거래신고서를 제출할 때 동시에 제출할 수도 있고, 아니면 매수자가 별도로 제출할 수도 있다. 자금조달계획서 제출방법 등에 관련된 내용들을 정리해보자.

1. 거래 당사자가 직거래한 경우

　거래 당사자가 직거래하는 경우에는 다음과 같이 부동산거래신고서(실거래신고서)와 자금조달계획서 등을 제출해야 한다.

1) 필요서류
- (실거래신고서) 매도인과 매수인이 공동으로 실거래신고서 작성
- (자금조달 및 입주계획서) 매수인이 작성하되 매수인이 다수인 경우(공동명의의 경우)에는 인별로 작성

참고로 거래 당사자 중 일방이 신고를 거부하는 경우에는 국토교통부령으로 정하는 것에 따라 단독으로 신고할 수 있다.

2) 방문 제출방법(제3자 대리제출가능)
- (거래 당사자) 거래 당사자 중 1인이 제출 시 실거래신고서와 자금조달 및 입주계획서 제출(신분증 지참)
- (제3자 대리제출) 실거래신고서와 자금조달 및 입주계획서 대리제출을 위임한 자의 지필서명 위임장과 신분증 사본을 첨부(대리인 신분증 지참)

3) 인터넷 제출방법(제3자 대리 제출 불가)
부동산거래관리시스템(https://rtms.molit.go.kr)에 접속해 거래 당사자가 실거래신고서 작성 후 매수인이 접속해 자금조달계획서 작성(거래 당사자 모두 공인인증서를 통한 본인 인증 필요)

2. 개업공인중개사를 통한 중개거래를 한 경우

개업공인중개사가 중개를 한 경우에는 원칙적으로 해당 개업공인중개사가 신고해야 한다.

1) 필요서류
- (실거래신고서) 개업공인중개사(다수중개인 경우 공동) 작성(매도인이 국가 등인 경우 국가 등이 작성)
- (자금조달 및 입주계획서) 매수인이 작성해 25일 이내 개업공인

중개사(매도인이 국가 등인 경우 국가 등)에게 제공

2) 방문 제출방법(제3자 대리제출가능)

개업공인중개사(매도인이 국가 등인 경우 국가 등)가 제출 시 실거래신고서와 자금조달 및 입주계획서 제출(계획서를 매수인이 별도 제출 시 신고서만 30일 이내 제출)

3) 인터넷 제출방법(제3자 대리제출 불가)

- 부동산거래관리시스템(https://rtms.molit.go.kr)에 접속해 실거래신고서, 자금조달 및 입주계획서 작성, 제출(공동중개 시 모든 개업공인중개사가 30일 이내 전자 서명 시 접수가 되므로, 30일 초과 시 지연신고 과태료 대상임을 유의)

* 계획서를 매수인이 별도 제출 시 매수인은 1-(2), (3)방법으로 별도 제출 가능

3. 신고필증 교부

신고필증은 실거래신고서와 자금조달 및 입주계획서가 모두 제출된 후에 발급한다. 따라서 실거래신고서와 자금조달 및 입주계획서를 동시에 제출하는 것이 좋다. 여기서 신고필증은 소유권이전등기 필수 첨부서류로 신고필증 미지참 시 소유권이전등기가 불가하다.

4. 신고 후 부동산 거래신고 조사

부동산 거래신고 후에는 국토교통부에서 '부동산거래신고시스템(RTMS)을 통해 불법행위 의심 대상 자동 추출 → 소명자료 제출 요구 → 필요시 출석조사 실시 → 행정조치(과태료 부과) 및 국세청·경찰청 등 관계기관 통보'의 순으로 검증 등을 하게 된다.

이때 주변 시세보다 낮거나 높게 신고한 거래건, 미성년자 거래건, 다수거래건, 현금위주 거래건 등을 대상으로 집중조사가 이루어질 수 있다. 특히 조사대상자가 되면 통장 사본 및 입출금표, 현금조성 증명자료 등 소명자료를 요구하고, 소명자료가 불분명한 경우 추가소명 및 출석조사도 가능하게 되어 있다는 점에 유의해야 한다.

Tip 부동산 거래신고 관련 Q&A

Q. 자금조달 및 입주계획 신고와 부동산 거래신고를 동시에 해야 하는가?
A. 자금조달 및 입주계획 신고를 별도로 할 수 있으나 실거래신고서만 제출되고, 자금조달 및 입주계획서가 제출되지 않는 경우에는 신고필증이 발급되지 않으므로, 실거래신고서와 자금조달계획 등을 함께 제출하도록 한다.

Q. 중개계약인 경우 자금조달계획 및 입주계획서 제출은 누가 하는가?
A. 중개계약인 경우 실거래신고의무자는 개업공인중개사이므로 개업공인중개사가 제출해야 하며, 매수인은 25일 이내에 개업공인중개사에게 자금조달 및

입주계획서를 작성 및 제공해야 한다. 다만, 공인중개사에게 자금조달 및 입주계획서를 제공하지 않거나 공개를 원하지 않을 경우 매수인은 별도로 자금조달 및 입주계획서를 신고관청에 제출해야 한다.

* 매도인이 국가, 지방자치단체, 공공기관 등인 경우도 동일하다.

Q. 자금조달 및 입주계획 정보를 허위 신고한 경우 처벌을 받는가?

A. 자금조달 및 입주계획 정보는 실거래신고사항에 포함되는 사항으로 이를 제출하지 않거나 거짓으로 신고한 때에는 과태료 부과대상이다. 신고내역 조사 등은 거래대금 증빙자료 등과 함께 종합적으로 검토되는 사항으로 계획 변경 등이 있는 경우 조사 시 이를 소명해야 한다.

Q. 실거래신고 시 건축물 주 용도를 잘못 표기해 주택이 아닌 오피스텔, 근린생활시설 등으로 기재한 경우 처리 방법은?

A. 실거래신고 시 건축물의 주 용도를 주택(아파트/단독주택)으로 기재하지 않고, 오피스텔/근린생활시설 등으로 잘못 표기한 경우에는 건축물의 주 용도에 대해 정정신고하고, 매수인은 자금조달 및 입주계획서를 별도로 제출(제공)해야 한다.

Q. 단독 건축물이 주택과 근생시설 등의 복합적인 주택으로 건축물의 주 용도가 주택과 혼재되어 있는 경우 자금조달 및 입주계획서를 제출해야 하는가?

A. 일반건축물대장(갑)에서 주 용도가 단독, 다가구 등 주택용도에 해당하는 것이 하나라도 표기되어 있다면 자금조달 및 입주계획서를 제출해야 하고, 건축물의 총거래금액에 대한 자금조달 및 입주계획서를 작성해 제출해야 한다.

※ 자금조달계획서 제출대상 사례

사례	계약 체결일	지역	물건 종류*	물건별 총거래 금액		매수인	자금조달 계획서제출 여부	참고사항
계약체결일에 따른 분류									
1	'20. 3. 15	조정지역	아파트	3억 원		2명	2명 각각 제출	신규제출 대상
2	'20. 3. 15	투기과열	아파트	10억 원		1명	제출	증빙자료 추가
부동산 유형에 따른 분류									
3	'20. 3. 15	투기/조정	오피스텔	4억 원		1명	미제출	주택 아님.
4	'20. 3. 15	투기/조정	근린생활	5억 원		1명	미제출	주택 아님.
5	'20. 3. 15	투기/조정	단독 (주택+근생)	4억 원		1명	제출	건축물 주 용도 단독주택
6	'20. 3. 15	비규제	아파트	7억 원		1명	제출	제출 대상
7	'20. 3. 15	투기/조정	아파트 (지분거래)	2억 원		1명	미제출	거래금액 3억 원 미만
혼합거래에 따른 분류									
8	'20. 3. 15	투기과열	토지	1억 원	총 4억 원	1명	제출 (3억 원 아파트 한정)	토지 부분 미제출
			'20. 3. 15	3억 원				
9	'20. 3. 15	조정지역	토지	4억 원	총 6억 원	1명	미제출	단독주택 거래금액 3억 원 미만
			'20. 3. 15	2억 원				
10	'20. 3. 15	투기과열	단독	2억 원	총 4억 원	1명	미제출	단독 및 아파트 거래금액 각 3억 원 미만
			아파트	2억 원				
11	'20. 3. 15	투기과열	아파트	10억 원	총 15억 원	2명	2명 각각 제출	아파트 10억 원 증빙자료 제출
			다가구	5억 원				

※ 부동산거래신고법 시행령 시행일인 2020. 3. 13 기준
※ 건축물대장상 일반건축물인 경우 주 용도 기준, 집합건축물인 경우 전유부 용도 기준 단독주택/다가구주택/연립주택/다세대주택/아파트 중 1개라도 표기되어 있는 경우 주택으로 간주

거래증빙자료는 어떻게 제출하는가?

자금조달계획서와 함께 제출하는 거래증빙자료는 부동산거래신고법 및 세법의 관점에서 보면 매우 중요한 서류에 해당한다. 자금조달원과 관련해 다양한 불법적인 요소가 적발될 가능성이 높기 때문이다. 따라서 부동산 거래 전에 반드시 이러한 부분에 주의해서 살펴볼 이유는 충분하다.

1. 제출원칙

1) 직거래 계약의 경우

이 경우에는 매수인이 실거래신고서와 함께 자금조달계획서 및 증빙자료를 신고관청에 직접 신고·제출하거나, 대리인을 통한 대리 제출 등도 가능하다.

2) 중개계약의 경우

중개계약의 경우 개업공인중개사가 실거래신고서를 제출해야 하며, 이때 자금조달계획서 및 증빙자료도 공인중개사가 실거래신고서와 함께 일괄 제출한다. 다만, 개인정보 노출 등 사유로 매수인이 자금조달계획서 및 증빙자료를 직접 제출하고자 하는 경우 별도의 제출도 가능하다. 이 경우 매수인은 해당 자료를 출력해 신고관청에 직접 제출하거나, 스캔 또는 이미지 파일형태로 인터넷 부동산거래관리시스템(https://rtms.molit.go.kr)을 통해 제출할 수도 있다. 다만 이 경우에도 공인중개사가 실거래신고서를 먼저 제출해야 한다.

2. 거래증빙의 종류

제출해야 할 거래증빙을 다시 한 번 보면 다음과 같다.

항목별		증빙자료
자기 자금	금융기관 예금액	예금잔액증명서 등
	주식·채권 매각대금	주식거래내역서, 잔고증명서 등
	증여·상속	증여·상속세 신고서, 납세증명서 등
	현금 등 그 밖의 자금	소득금액증명원, 근로소득원천징수영수증 등 소득 증빙 서류
	부동산 처분대금 등	부동산매매계약서, 부동산임대차계약서 등
차입금 등	금융기관 대출액 합계	금융거래확인서, 부채증명서, 금융기관 대출신청서 등
	임대보증금 등	부동산임대차계약서
	회사지원금·사채 등 또는 그 밖의 차입금	금전 차용을 증빙할 수 있는 서류 등

3. 증빙자료 제출 관련 궁금한 사항들

Q. 증빙자료 제출 시 시행규칙에서 정하고 있는 항목별 제출서류 모두를 제출해야 하는가?

아니다. 매수인이 자금조달계획서에 실제 기재한 항목별 제출서류만 제출하면 된다.

Q. 실거래신고 시점에 반드시 제출해야 하는 증빙자료에는 무엇이 있는가?

실거래신고 시점에 제출 가능한 증빙자료는 자금조달계획서와 함께 반드시 제출해야 한다.

> 예)
> · '금융기관 예금액' 항목 기재 시 신고 시점에 예금(적금) 계좌를 보유하고 있는 경우 예금잔액증명서 등을 반드시 제출
> · '현금 등 그 밖의 자금' 항목 기재 시 소득금액증명원, 근로소득원천징수영수증 등 소득 증빙자료를 반드시 제출

Q. 부동산 매각, 증여·상속, 차입 등이 실행되지 않은 경우에는 어떻게 해야 하는가?

부동산 매도계약이 이루어지지 않았거나, 증여·상속, 차입 등 자금조달이 실행되지 않은 경우에는 계획 중인 내용을 자금조달계획서 항목에는 기재하되, 증빙자료를 제출하지 않을 수 있다. 이때에는 미제출 사유서를 제출한다(다음 서식 참조). 다만, 이 경우에도

향후 잔금지급 등 거래가 완료된 이후에는 국토교통부 또는 신고관청이 자금조달계획서 등과 관련한 증빙자료의 제출을 요청하면 이에 응해야 한다.

> **Q.** 소유 부동산을 처분하고, 그 매각대금을 은행에 예금으로 예치한 상태에서, 매각대금을 자금으로 해서 주택 거래계약을 체결하는 경우, '부동산매매계약서'와 '예금잔액증명서' 중 무엇을 증빙자료로 제출해야 하는가?

'실거래신고시점을 기준'으로 자금의 보유형태에 따라 자금조달계획서 해당 항목에 기재하고, 해당 항목별 객관적 증빙자료를 첨부하는 것이 원칙이다. 따라서 실거래신고 시점에서 주택취득에 필요한 자금을 '금융기관 예금액'의 형태로 보유하고 있는 경우, 자금조달계획서 항목 중 '금융기관 예금액' 칸에 기재하고, 이에 따른 증빙자료인 '예금잔액증명서'를 제출하면 된다.

※ 제출 예시

① A가 보유하던 현금으로 주식을 매입한 상태에서 주식 매각대금을 자금으로 해서 주택 거래계약을 체결하는 경우

☞ 자금조달계획서 항목 중 '주식·채권 매각대금' 칸에 기재하고, 증빙자료로는 '주식거래내역서'를 제출한다.

② B가 부모로부터 상속받은 자금을 은행에 예금으로 예치한 상태에서 예금액을 자금으로 해서 주택 거래계약을 체결하는 경우

☞ 자금조달계획서 항목 중 '금융기관 예금액' 칸에 기재하고, 증빙자료로는 '예금잔액증명서'를 제출한다.

Q. 자금조달계획서 또는 증빙자료를 제출하지 않을 경우 어떠한 규제나 처벌이 있는가?

자금조달계획서 또는 증빙자료를 제출하지 아니할 경우 '부동산 거래신고 등에 관한 법률' 제28조 제2항 제4호 위반에 해당해 500만 원 과태료 처분대상이다. 이는 불법행위 여부와는 무관하게 증빙자료를 제출하지 않은 데 대한 처분에 해당한다.

Tip 증빙서류 미제출 사유서

부동산거래신고법 시행령 제3조 제1항 제5호의 2의 후단에서 정하는 '국토교통부령으로 정하는 서류'에서 자금조달·입주계획서의 제출일을 기준으로 주택취득에 필요한 자금의 대출이 실행되지 않았거나 본인 소유 부동산의 매매계약이 체결되지 않은 경우 등 항목별 금액 증명이 어려운 경우에는 다음과 같은 그 사유서를 첨부해야 한다.

증빙서류 미제출 사유서

자금조달계획서 기재항목		증빙자료	제출 여부	미제출사유 (예시)
자기 자금	금융기관 예금액	예금잔액증명서		
		기타		
	주식·채권 매각대금	주식거래내역서		
		예금잔액증명서		
		기타		
	증여·상속	증여·상속세 신고서		증여(상속) 절차 진행 중이며, ○개월 이내 신고예정
		납세증명서		
		기타		
	현금 등 그 밖의 자금	소득금액증명원		
		근로소득원천징수영수증		
		기타		
	부동산 처분대금 등	부동산매매계약서		부동산 매매계약 진행 중이며, ○개월 후에 잔금 및 등기 예정
		부동산임대차계약서		
		기타		
차입금	금융기관 대출액	금융거래확인서		대출 신청 전이며, 향후 ○개월 내에 대출신청예정
		부채증명서		
		금융기관 대출신청서		
		기타		
	임대보증금	부동산임대차계약서		
	회사지원금· 사채	금전을 빌린 사실과 그 금액을 확인할 수 있는 서류		
	그 밖의 차입금	금전을 빌린 사실과 그 금액을 확인할 수 있는 서류		

'부동산거래신고 등에 관한 법률 시행규칙' 제2조 제6항의 규정에 따라 미제출 사유서를 제출합니다.

년 월 일

제출인 　 (서명 또는 인)

자금조달계획서 등 관련 과태료는?

　원래 부동산거래신고법은 부동산 거래 등의 신고 및 허가에 관한 사항을 정해 건전하고 투명한 부동산 거래질서를 확립하고, 국민경제에 이바지함을 목적으로 한다. 따라서 상당히 중요한 의미를 가지고 있다고 할 수 있다. 이에 같은 법 제4조에서는 금지행위 등을 두고, 이의 의무를 위반한 경우에는 최고 3천만 원의 과태료를 부과하고 있다. 이외에도 다양한 과태료가 발생한다.

1. 부동산 거래 관련 금지행위

　부동산거래신고법 제4조에서는 부동산 거래와 관련해 다음의 행위들을 금지하고 있다. 이러한 행위들을 위배하면 과태료가 최고 3천만 원까지 나올 수 있다.

> 누구든지 제3조 또는 제3조의 2에 따른 신고에 관하여 다음 각 호의 어느 하나에 해당하는 행위를 하여서는 아니 된다.
> 1. 개업공인중개사에게 제3조에 따른 신고를 하지 아니하게 하거나 거짓으로 신고하도록 요구하는 행위
> 2. 제3조 제1항 각 호의 어느 하나에 해당하는 계약을 체결한 후 같은 조에 따른 신고 의무자가 아닌 자가 거짓으로 같은 조에 따른 신고를 하는 행위
> 3. 거짓으로 제3조 또는 제3조의 2에 따른 신고를 하는 행위를 조장하거나 방조하는 행위
> 4. 제3조 제1항 각 호의 어느 하나에 해당하는 계약을 체결하지 아니하였음에도 불구하고 거짓으로 같은 조에 따른 신고를 하는 행위
> 5. 제3조에 따른 신고 후 해당 계약이 해제 등이 되지 아니하였음에도 불구하고 거짓으로 제3조의 2에 따른 신고를 하는 행위

앞에서 제3조는 실제 거래가격 등 대통령령으로 정하는 사항을 거래계약의 체결일부터 30일 이내에 관할 지자체에 신고하는 것을, 제3조의 2는 제3조에 따라 신고한 후 해당 거래계약이 해제, 무효 또는 취소된 경우 해제 등이 확정된 날부터 30일 이내에 해당 내용을 신고관청에 신고하도록 하는 것을 말한다.

2. 부동산거래신고법 위반 시 과태료

이에 대해서는 동법 제28조에서 정하고 있는데, 주요 내용을 정리하면 다음과 같다. 자세한 과태료 항목은 부동산거래신고법 시행령 [별표 2]를 참조하자.

① 다음 각 호의 어느 하나에 해당하는 자에게는 3천만 원 이하의 과태료를 부과한다.

1. 제4조 제4호를 위반하여 거짓으로 제3조에 따라 신고한 자
2. 제4조 제5호를 위반하여 거짓으로 제3조의 2에 따라 신고한 자
3. 제6조[29]를 위반하여 거래대금 지급을 증명할 수 있는 자료를 제출하지 아니하거나 거짓으로 제출한 자 또는 그 밖의 필요한 조치를 이행하지 아니한 자

② 다음 각 호의 어느 하나에 해당하는 자에게는 500만 원 이하의 과태료를 부과한다.[30]

1. 제3조 제1항부터 제4항까지의 규정을 위반하여 같은 항에 따른 신고를 하지 아니한 자(공동신고를 거부한 자를 포함한다)

1의 2. 제3조의 2 제1항을 위반하여 같은 항에 따른 신고를 하지 아니한 자(공동신고를 거부한 자를 포함한다)

2. 제4조 제1호를 위반하여 개업공인중개사에게 제3조에 따른 신고를 하지 아니하게 하거나 거짓으로 신고하도록 요구한 자
3. 제4조 제3호를 위반하여 거짓으로 제3조에 따른 신고를 하는 행위를 조장하거나 방조한 자
4. 제6조를 위반하여 거래대금 지급을 증명할 수 있는 자료 외의 자료를 제출하지 아니하거나 거짓으로 제출한 자

③ 제3조 제1항부터 제4항까지 또는 제4조 제2호를 위반하여 그 신고를 거짓으로 한 자에게는 해당 부동산 등의 취득가액의 100분의 5 이하에 상당하는 금액의 과태료를 부과한다.

④ 제8조 제1항에 따른 신고를 하지 아니하거나 거짓으로 신고한 자에게는 300만 원 이하의 과태료를 부과한다.

⑤ 다음 각 호의 어느 하나에 해당하는 자에게는 100만 원 이하의 과태료를 부과한다.

1. 제8조 제2항에 따른 취득의 신고를 하지 아니하거나 거짓으로 신고한 자
2. 제8조 제3항에 따른 토지의 계속 보유 신고를 하지 아니하거나 거짓으로 신고한 자

3. 과태료 부과

과태료 부과는 우선 해당 행위가 법에 저촉이 되는지 조사를 통해 입증이 되어야 한다. 현재 국토교통부에서는 '부동산거래가격 검증체계 운영 및 신고 내용 조사' 규정에 따라 거래 당사자 등이 제출한 부동산거래신고서와 자금조달계획서(거래증빙 포함) 등을 조사하고 있다. 다음의 조사결과 총괄표를 참조하기 바란다.

---

29) 6조(신고 내용의 조사 등)
① 신고관청은 제3조, 제3조의 2 또는 제8조에 따라 신고 받은 내용이 누락되어 있거나 정확하지 아니하다고 판단하는 경우에는 국토교통부령으로 정하는 것에 따라 신고인에게 신고 내용을 보완하게 하거나, 신고한 내용의 사실 여부를 확인하기 위해 소속 공무원으로 하여금 거래 당사자 또는 개업공인중개사에게 거래계약서, 거래대금 지급을 증명할 수 있는 자료 등 관련 자료의 제출을 요구하는 등 필요한 조치를 취할 수 있다.
② 제1항에 따라 신고 내용을 조사한 경우 신고관청은 조사 결과를 특별시장, 광역시장, 특별자치시장, 도지사, 특별자치도지사(이하 '시·도지사'라 한다)에게 보고해야 하며, 시·도지사는 이를 국토교통부령으로 정하는 것에 따라 국토교통부장관에게 보고해야 한다.
30) 자금조달계획서에 대한 과태료 부과와 관련이 있는 곳이다.

■ 부동산 거래가격 검증체계 운영 및 신고 내용 조사 규정[별지 제4호서식] 〈제정 2017. 00. 00〉

조사결과 총괄표

건수 ①	적정					부실신고 ⑦			조사 중 ⑧
	계 ②	실거래가 신고 ③	신고 내용 착오 ④	거래가격 재신고 ⑤	기타 ⑥	거짓신고		증여 혐의	
						주요 거짓	기타 거짓		

* 작성요령 : 건수로 기재
 ① 조사 대상   ② 조사 결과 적정
 ③ 실거래가 판정   ④ 지분누락(착오), 금액배분 오류, 입력착오 등
 ⑤ 금액기재 착오 재신고 등   ⑥ 가등기, 임대분양전환, 신고비대상 등
 ⑦ 주요 거짓 : 금액거짓, 계약일등 금액 외 거짓   ⑧ 자료미제출 등으로 조사 진행 중
    기타 거짓 : 미신고, 자료미제출 증여 혐의건

거짓신고 및 처분 내역

(단위 : 명, 원)

시군 구별	부동산 소재지	매도인	매수인	용도	신고 가격	실거래 가격	위반 내역*	과태료 부과 내역						비고
								매도인		매수인		공인중개사		
								인원	금액	인원	금액	인원	금액	

※ 〈거짓신고(다운)〉, 〈거짓신고(업)〉, 〈거짓신고(가격 외)〉, 〈자료미제출, 거짓자료제출〉, 〈미신고·지연신고 적발〉로 구분해 각각 작성

증여혐의 내역[31]

시군 구별	부동산 소재지	매도인	매수인	용도	신고가격	비고 (거래 당사자 관계 등)

※ 자료미제출 등으로 기간 내 조사하지 못한 건은 지속적으로 조사하고 그 결과를 제출

210mm×297mm[백상지(80g/㎡) 또는 중질지(80g/㎡)]

---

31) 자금조달계획서 및 거래증빙을 통해 증여혐의가 있을 때 기재가 된다. 물론 이 서식은 국세청에 통보된다.

| 심층분석 | 과태료의 부과·징수와 부과방법

부동산 거래신고와 관련된 과태료는 '부동산거래신고법' 제28조를 근거로 '부동산 거래가격 검증체계 운영 및 신고 내용 조사 규정' 제11조와 제12조에서 구체적으로 부과된다. 다음은 후자의 조사 규정에 따른 내용이다.

1. 과태료의 부과·징수(제11조)
① 거래신고 위반 과태료는 신고관청이 부과하고, 과태료의 부과기준은 영 [별표]에 따른다.
② 이 규정에서 정한 것 이외의 과태료 부과 및 징수절차, 이의신청 등은 '질서위반행위규제법'에서 정하는 바에 따른다.

2. 과태료 부과방법(제12조)
신고관청에서 과태료를 부과하는 경우 다음 각 호의 절차를 거쳐야 한다.

1. 당해 위반행위를 조사·확인한 후 위반사실, 부과대상자, 과태료예정금액 등을 서면으로 명시하여 과태료부과 대상자에게 예고 통지 (별지 제5호 서식 참조)
2. 과태료 예고 통지는 10일 이상의 기간을 정하여 과태료부과대상자에게 구술 또는 서면(전자문서를 포함한다)에 의한 의견진술의 기회를 부여
3. 지정된 기일까지 의견진술이 없는 때에는 의견이 없는 것으로 간주하고 납부대상자, 과태료 부과사유, 과태료금액, 이의신청기간 및 방법 등을 서면으로 명시하여 과태료를 부과

■ 부동산 거래가격 검증체계 운영 및 신고내용 조사 규정[별지 제5호 서식]

과태료부과예고통지서

통지번호				발송일자	
과태료 처분 대상자	매도인	성명		생년월일	
		주소			
	매수인	성명		생년월일	
		주소			
	개업공인중개사	성명		생년월일	
		상호		대표자	
		주소			
부동산의 표시		소재지			
		면적(㎡)			
신고내역		계약일자			
		신고일자			
		신고금액			
과태료 부과사유 및 예정금액		① 신고지연	해태기간	일, 과태료	원
		② 가격거짓	실거래금액	원, 과태료	원

○ 귀하의 신고사항이 '부동산거래신고 등에 관한 법률' 제28조 및 같은 법 시행령 제20조에 따라 과태료 부과대상임을 사전통지하오니 의견이 있으시면 년 월 일(10일 이상)까지 시·군·구청과(주소 :   / 전화 :   )에 서면 또는 말로 의견을 진술하고, 그 증거자료를 제출하시기 바랍니다. 만일 위 기일까지 의견이 없는 때에는 위반사항을 인정한 것으로 간주해 과태료예정금액으로 과태료가 부과됨을 알려드립니다.

○ 또한 이 통지서에 따른 과태료를 자진납부하는 경우 과태료부과액의 20% 범위 내에서 감면될 수 있으니 자진납부를 원하는 경우에는 의견제출 기한 내에 신청하시기 바라며, 아울러 '질서위반행위규제법 시행령' 제2조의 2에 따라 기초생활수급자, 장애인 등은 해당 과태료의 100분의 50 범위에서 과태료가 감경될 수 있음을 알려드립니다.

년   월   일

시장·군수·구청장   직인

210mm×297mm[백상지(80g/㎡) 또는 중질지(80g/㎡)]

제5장 실전 자금조달계획서 작성법

자금조달계획서 작성 시 참고할 사항은?

자금조달계획서는 지자체의 부동산 가격 조사 및 세무서의 자금 출처조사, 소득세 세무조사 등으로 연결되는 아주 중요한 서식이다. 따라서 이를 작성하는 매수자 등은 한 치의 소홀함 없이 이 업무에 임할 필요가 있다. 주요 내용만 간략히 정리하고, 작성법 등을 순차적으로 알아보자.

1. 자금조달계획서 주요 내용

1) 작성 대상자

조정대상지역과 투기과열지구 이외 비규제지역에서 주택을 거래한 개인과 법인이 해당한다. 다만, 규제지역은 무조건, 비규제지역은 거래가액이 6억 원 이상이 되어야 한다. 참고로 공동명의 시

각자 작성한다.[32]

2) 자금조달계획서 제출

자금조달계획서와 입주계획서를 부동산 소재지를 관할하는 지자체에 계약일로부터 30일 내에 제출해야 한다.

3) 거래증빙의 제출

투기과열지구에서 주택을 거래하는 경우에는 무조건 자금조달계획서 외에 거래증빙을 별도로 제출해야 한다.

2. 자금조달계획서 작성 시 주의할 사항

첫째, 최대한 객관적으로 작성해야 한다.
자금조달계획서는 향후 벌어지게 될 부동산 거래신고에 대한 조사나 자금출처조사 등에 대한 시발점이 되기 때문에 누가 봐도 수긍이 가도록 최대한 객관적으로 작성하도록 한다.

둘째, 작성과정에서 문제가 발생하면 그에 대한 영향을 파악해야 한다.
부모로부터의 차입이나 과거에 미신고한 소득이나 증여재산 등에 대한 세무상 쟁점들을 파악하고, 그에 따른 대책을 세워두는 것이 좋

---

[32] 법인은 무조건 자금조달계획서를 제출하는 것으로 법이 개정되었다. 제7장을 참조하기 바란다.

다. 이때 세무전문가의 의견을 듣는 것도 하나의 방법에 해당한다.

셋째, 제출 후 오류가 발견된 경우 수정신고는 명문화하고 있지 않음도 알아두자.

현행 부동산거래신고법은 계약일 등이 변경되면 변경, 신고하도록 강제하고 있지만, 자금조달계획서나 거래증빙에 대한 변경신고에 대해서는 강제화하고 있지 않다. 따라서 제출한 자금조달계획서 등에서 오류가 발견된 경우에는 자료를 다시 제출하거나 보강자료를 제출하더라도 큰 문제는 없을 것으로 보인다. 관할 지자체의 담당부서와 상의하기 바란다.

※ 자금조달계획서 항목별 작성 시 참고할 사항

구분	항목	상세항목	내용
자기 자금	금융기관 예금액	예금(적금)	금융기관에 예치해 보유 중인 자금[33]
	주식·채권 매각대금	주식(채권) 매도액	주식·유가증권 등 매각대금으로 조달하는 자금
		이에 준하는 자금	이에 준하는 자금
	증여·상속	가족 등 증여·상속	가족 등으로부터 증여·상속받아 조달하는 자금
	현금 등 기타	보유 중인 현금	금융기관 등에 예치하지 아니하고 보유 중이던 현금
		펀드/보험 등 금융상품 해지 등	예금(적금)이 아닌 금융상품 투자 자금을 회수해 조달하는 자금
		이에 준하는 자금	타인에게 대여한 자금 등을 회수해 조달하는 자금 등
	부동산 매도액 등	타 부동산 매도액	타 부동산을 매도해 조달하는 자금
		기존 보증(전세)금	기존 보증(전세)금을 회수해 조달하는 자금
		종전 부동산 권리가액	재건축/재개발로 발생한 종전 부동산 권리가액 등
		이에 준하는 자금	부동산 등의 매각(보증금 회수) 등을 통해 조달하는 자금

---

[33] 예금으로 되어 있는 자금이 모두 자기자금이라고 인정되는 것은 아님에 유의해야 한다.

차입금 등	금융기관 대출액	주택담보대출	금회 취득 주택의 주택담보대출 실행(승계)자금
		신용대출	위의 주택담보대출 이외 마이너스 통장 등 신용대출 자금
		그 밖의 대출	타 부동산 담보대출 등 그 밖의 금융기관 대출액 및 종류 기재
		금융기관 대출액 중 주택담보대출액을 기재한 경우	금회 취득하는 주택은 제외하고 그 외 주택을 보유 여부에 √체크, 보유란에 √체크한 경우 보유 중인 주택 수를 기재(분양권, 입주권 등 권리상태의 주택을 포함해 부부공동명의 등 지분으로 보유하고 있는 경우에도 각 건별로 산정해 기재)
	보증금 등 승계	현 임차인 전세(보증)금 승계	현 임차인 전세금을 매도인으로부터 승계하는 금액
		신규 임대차 계약	금회 취득하려면 주택의 임대차계약을 통해 조달하는 자금
	회사지원금· 사채	법인/개인사업자 등 제3자에게 대여하는 자금	대부업법에 따라 등록된 대부업체 및 소속된 회사 등의 주택자금 대여금 등(상환기간 등이 약정된 자금)
	그 밖의 차입금	제3자 등 그 밖의 방법으로 대여하는 자금	가족/친인척 등으로부터 대여해 조달하는 자금(상환기간 약정이 없거나 불분명한 대여금)
자금 지급 방식	계좌이체 금액	은행 등 금융기관 이체지급 방식	증빙가능한 금융기관 이체지급 방식으로 지급하는 금액
	보증금· 대출금 승계	기존 대출금·임대차 보증금 승계	매도인의 기존 대출금·전세보증금 승계하는 금액
	현금 등 기타지급	현금 등 기타자산 지급	계좌이체 또는 승계한 금액이 아닌 현금 등으로 지급하는 금액 및 그에 대한 지급사유를 기재
입주 계획34)	본인 입주	본인이 입주할 예정인 경우	주민등록상 가족과 함께 입주하는 경우
	본인 외 가족 입주	본인 외 가족 입주 예정인 경우	주민등록세대가 분리된 가족이 입주하는 경우 (예 : 분가한 자녀가족, 본인의 부모만 입주 등)
	임대(전월세)	본인 또는 가족이 입주하지 않고 임대할 계획인 경우	제3자 등에게 임대할 경우
	그 밖의 경우(재건축 등)	입주 또는 임대 이외	재건축/재개발 등 사업추진을 위해 시행사 등이 매입하는 경우 등

---

34) 소유권이전등기 후 입주하는 첫 번째 입주자 기준으로 작성한다.

최근 개정된 자금조달계획서 작성 시 주의해야 할 것은?

최근 자금조달계획서의 양식이 일부 개정이 되었다. 종전의 자금조달계획서로는 자금출처조사가 원활히 진행되지 않았기 때문이다. 여기에서는 개정된 자금조달계획서를 한 번 더 살펴보고, 구체적으로 이에 대한 작성 사례를 살펴보자.

1. 개정된 자금조달계획서 양식

최근 개정된 자금조달계획서 중 '증여·상속', '현금 등 그 밖의 자금', '그 밖의 차입금' 칸에는 자금 제공자와의 관계를 기재해야 한다. 이는 증여세 과세 등과 관련이 있으므로 사전에 주의할 필요가 있다.

구분	기존	변경
증여·상속 제공자 관계추가	⑤ 증여·상속 등	④ 증여·상속 [ ] 부부 [ ] 직계존비속(관계:) [ ] 그 밖의 관계( )
현금 등 자산종류 명시	⑥ 현금 등 기타	⑤ 현금 등 그 밖의 자금 [ ] 보유 현금 [ ] 그 밖의 자산(종류:)
금융기관 대출액 세부구분	⑧ 금융기관 대출액	⑧ 금융기관 대출액 합계 | 주택담보대출 | | | 신용대출 | | | 그 밖의 대출 (대출종류:) | |
그 밖의 차입금 제공자 관계추가	⑪ 그 밖의 차입금	⑪ 그 밖의 차입금 [ ] 부부 [ ] 직계존비속(관계:) [ ] 그 밖의 관계( )
조달 자금 지급 방식	〈신설〉	총거래금액 ⑯ 계좌이체 등 금액 ⑰ 보증금·대출 승계 등 금액 ⑱ 현금 및 그 밖의 지급방식금액 지급 사유( )

2. 각 사례별 작성 예시

앞의 개정된 서식에 맞춰 어떤 식으로 작성해야 하는지 잠깐 살펴보면 다음과 같다.

사례	작성 예시
1. **할아버지에게** 상속받은 **5천만 원**을 당해 주택취득 자금으로 사용하는 경우	④ 증여·상속 50,000,000 원 [ ] 부부 [V] 직계존비속 (관계 : 조부) [ ] 그 밖의 관계 (　　　)
2. **어머니에게 1억 원**을 차용해 당해 주택취득 자금으로 사용하는 경우	⑪ 그 밖의 차입금 100,000,000 원 [ ] 부부 [V] 직계존비속 (관계 : 모) [ ] 그 밖의 관계 (　　　)
3. **배우자에게 5억 원**을 증여받아 당해 주택취득 자금으로 사용하는 경우	④ 증여·상속 500,000,000 원 [V] 부부 [ ] 직계존비속 (관계 :　) [ ] 그 밖의 관계 (　　　)
4. **큰아버지에게 1억 원**을 차용해 당해 주택취득 자금으로 사용하는 경우	⑪ 그 밖의 차입금 100,000,000 원 [ ] 부부 [ ] 직계존비속 (관계 :　) [V] 그 밖의 관계 (큰아버지 / 백부)
5. **아버지 2억 원, 어머니 1억 원**을 차용해 당해 주택취득 자금으로 사용하는 경우	⑪ 그 밖의 차입금 300,000,000 원 [ ] 부부 [V] 직계존비속 (관계 : 부모) [ ] 그 밖의 관계 (　　　)
6. **아버지 1억 원, 누나 1억 원**을 차용해 당해 주택취득 자금으로 사용하는 경우	⑪ 그 밖의 차입금 200,000,000 원 [ ] 부부 [V] 직계존비속 (관계 : 부) [V] 그 밖의 관계 (누나)

여기서 주의할 것은 6억 원, 5천만 원 등 증여재산공제금액 이하가 되더라도 때에 따라서는 증여세 조사로 이어질 수 있다는 것이다. 증여세 과세는 현재도 중요하지만, 과거에 증여한 것이 있다면 증여일로부터 소급해서 10년간 합산과세를 하기 때문이다.

Tip 제출해야 할 증빙서류

자금조달계획서 기재항목		증빙자료	비고
자기자금	금융기관 예금액	예금잔액증명서	
		기타	
	주식·채권 매각대금	주식거래내역서	
		예금잔액증명서	
		기타	
	증여·상속	증여·상속세 신고서	
		납세증명서	
		기타	
	현금 등 그 밖의 자금	소득금액증명원	
		근로소득원천징수영수증	
		기타	
	부동산 처분대금 등	부동산매매계약서	
		부동산임대차계약서	
		기타	
차입금	금융기관 대출액	금융거래확인서	
		부채증명서	
		금융기관 대출신청서	
		기타	
	임대보증금	부동산임대차계약서	
	회사지원금·사채	금전을 빌린 사실과 그 금액을 확인할 수 있는 서류	
	그 밖의 차입금	금전을 빌린 사실과 그 금액을 확인할 수 있는 서류	

자기자금 항목 기재 시 주의해야 할 사항은?

　자금조달계획서에서 자기자금이란 '본인의 능력으로 조달한 자금'을 말한다. 따라서 본인의 소득으로 저축이나 투자 등을 한 자금이라면 전혀 문제가 없다. 하지만 해당 돈이 미신고된 소득이나 재산 등에서 오는 경우에는 세금추징 등의 문제가 발생한다. 이러한 관점에서 자금조달계획서상의 자기자금 항목에 대한 검토가 필요하다.

1. 자기자금 항목

　자금조달계획서상에 기록해야 하는 자기자금의 항목은 다음과 같다. 이 중 가장 주의해야 할 항목은 바로 ④와 ⑤가 이에 해당한다. 왜 그러는지는 다음에서 별도로 살펴보자.

자기 자금	② 금융기관 예금액 원	③ 주식·채권 매각대금 원
	④ 증여·상속 원	⑤ 현금 등 그 밖의 자금 원
	[ ] 부부 [ ] 직계존비속(관계 :) [ ] 그 밖의 관계( )	[ ] 보유 현금 [ ] 그 밖의 자산(종류 :)
	⑥ 부동산 처분대금 등 원	⑦ 소계 원

2. 항목별 기재 시 검토할 사항들

1) 금융기관 예금액

금융기관에 예치한 금전을 말한다. 일반적으로 본인의 소득 중 일부를 저축이나 투자를 해서 받은 돈들이 예치된다. 다만, 어떤 경우에는 부모 등에게서 받은 돈도 금융기관에 예금되어 있을 수 있다. 따라서 금융기관에 예금된 돈이 모두 자기자금으로 단정되지는 않는다.

2) 주식·채권 매각대금

주식이나 채권을 매각한 대금도 부동산 취득에 사용될 수 있다. 이러한 관점에서 이에 대한 부분을 별도로 기재하도록 하고 있다. 이에 대한 금액이 큰 경우에는 이에 대한 자금출처조사가 별도로 진행될 가능성이 높다.

3) 증여·상속

자기자금 중 가장 문제가 있는 곳에 해당한다. 가족 사이에 담합이 일어날 가능성이 가장 큰 곳이기 때문이다. 그렇다면 증여 등을 누구한테 받았는지를 왜 세부적으로 기재하도록 하는 것일까? 먼저 증여부터 살펴보자.

① 부부*

배우자에게서 증여를 받은 경우에는 10년간 6억 원까지는 증여세가 없다. 따라서 이 금액 이하의 증여금액을 자금조달계획서에 기재해도 문제는 없다. 하지만 실무적으로는 안심을 해서는 안 된다. 증여세는 현재 시점으로부터 소급해 10년 이내에 증여한 금액을 합산해서 과세하는 방식을 채택하고 있기 때문이다. 따라서 배우자 간 증여액수가 6억 원이 안 되더라도 자금출처조사의 대상이 될 가능성이 높다는 점에 유의해야 한다.

* 예비부부 간의 자금거래는 명의에 따라 자기자금 또는 타인자금으로 분류하는 것이 타당해 보인다.

② 직계존비속

부모에게 자녀가 증여를 받거나, 반대로 부모가 자녀에게 증여를 받는 것을 기록하는 곳이다. 이 경우 아래의 금액을 넘어서면 증여세 과세가 성립한다.

- 자녀가 미성년자에 해당하는 경우 : 10년간 2천만 원을 초과하는 경우

- 자녀가 성년자에 해당하는 경우 : 10년간 5천만 원을 초과하는 경우
- 직계존속의 경우 : 10년간 5천만 원을 초과하는 경우

③ 그 밖의 관계

이에는 친족이나 지인 등이 있다. 이 경우 다음과 같은 금액을 초과하면 증여세가 과세된다.

- 6촌 이내의 혈족, 4촌 이내의 인척에게서 증여를 받은 경우 : 1천만 원
- 기타 : 0원

다음으로 상속의 경우에는 피상속인, 즉 돌아가신 분으로부터 상속받은 내용을 기재하면 된다. 이때 주의할 점은 상속세가 부과됨에도 신고를 하지 않는 경우 이 부분이 문제가 될 수 있다는 것이다.

- 돌아가신 분의 배우자가 있는 상태에서 상속이 발생한 경우 : 상속재산(10~5년 내 사전증여재산 포함)가액이 10억 원 초과 시
- 돌아가신 분의 배우자가 없는 상태에서 상속이 발생한 경우 : 상속재산(10~5년 내 사전증여재산 포함)가액이 5억 원 초과 시

4) 현금 등 그 밖의 자금

이 부분은 자기자금란에서 가장 논란이 된다. 왜 그럴까? 이는 두말할 필요 없이 보유하고 있는 현금이 증여성이나 탈루된 소득 등

에 의해 발생할 가능성이 높기 때문이다. 따라서 자기자금란에 현금 등이 과도하게 기록된 경우에는 자금출처조사를 피할 수 없음에 유의해야 한다.

5) 부동산 처분대금 등

본인이 소유한 부동산을 처분해 나온 대금 중 부동산 취득자금에 소요된 자금을 기록한 곳이다. 이때 부동산 처분대금에서 관련 세금을 공제한 금액을 기재하는 것이 옳다.

이와 관련해서는 세무상 쟁점이 크게 발생하지 않을 수 있다. 자금조달원이 확실하기 때문이다. 하지만 고가주택의 경우에는 부동산 처분대금도 증여 등에 의해 발생할 가능성을 배제할 수 없기 때문에 자금출처조사의 범위가 확대될 수 있다.

차입금^{타인자금}과 관련해 주의해야 할 사항은?

자금조달계획서에서 타인자금이란 '남의 자금으로 조달한 자금'을 말한다. 따라서 이 자금이 금융기관 등에서 온 경우에는 세법상 전혀 문제가 없다. 하지만 해당 자금이 가족이나 회사 등에서 오는 경우에는 다양한 세무상 쟁점들이 발생한다. 이러한 관점에서 자금조달계획서상의 타인자금 항목에 대한 검토가 필요하다.

1. 타인자금 항목

자금조달계획서상에 기록해야 하는 타인자금의 항목은 다음과 같다. 이 중 가장 주의해야 할 항목은 모두가 해당한다. 왜 그러는지는 다음에서 별도로 살펴보자.

⑧ 금융기관 대출액 합계		주택담보대출		원
		신용대출		원
	원	그 밖의 대출	(대출 종류 :)	원
기존 주택 보유 여부 (주택담보대출이 있는 경우만 기재) [ ]미보유 [ ]보유 (건)				
⑨ 임대보증금 등		원	⑩ 회사지원금·사채 등	원
⑪ 그 밖의 차입금		원	⑫ 소계	
[ ] 부부 [ ] 직계존비속 (관계 :) [ ] 그 밖의 관계 ( )				원

2. 항목별 기재 시 검토할 사항들

타인자금 중 금융기관을 제외한 차입은 편법적으로 차입된 것으로 비칠 가능성이 높다. 특히 직계존비속 간의 차입의 경우에는 더더욱 그렇다.

1) 금융기관 대출액 합계

금융기관 대출액은 금융기관을 통해 차입한 금액을 기재한다. 이 항목과 관련해서 유의해야 할 것들은 다음과 같다.

첫째, 대출의 종류를 구분해야 한다.
금융기관을 통한 대출의 종류는 크게 담보대출, 신용대출, 기타로 구분된다. 부동산 구입 시 승계된 대출은 기타로 구분한다. 이러한 정보를 통해 대출제도를 위반했는지 등을 검토하게 된다.

둘째, 담보대출의 경우 기존 보유 주택유무는 대출정책과 관련이 있다.

최근 규제지역을 중심으로 대출정책이 강화되었는데, 이에 대한 점검을 하기 위해 이 정보를 요구하고 있다.

셋째, 타인의 담보를 이용한 경우에는 담보제공으로 받은 이익에 대해 증여세를 부과받을 수 있다.

예를 들어 아버지의 부동산을 담보로 제공받아 자금을 차입하면 다음과 같은 금액에 대해서는 증여세를 부과할 수 있다.

상증법 제42조의 3 [재산취득 후 재산가치 증가에 따른 이익의 증여]
직업, 연령, 소득 및 재산상태로 보아 자력(自力)으로 해당 행위를 할 수 없다고 인정되는 자가 다음 각 호의 사유로 재산을 취득하고 그 재산을 취득한 날부터 5년 이내에 개발사업의 시행, 형질변경, 공유물(共有物) 분할, 사업의 인가·허가 등 대통령령으로 정하는 사유로 인하여 이익을 얻은 경우에는 그 이익에 상당하는 금액을 그 이익을 얻은 자의 증여재산가액으로 한다.
3. 특수관계인으로부터 차입한 자금 또는 특수관계인의 재산을 담보로 차입한 자금으로 재산을 취득한 경우

2) 임대보증금 등

임대보증금은 매도자로부터 승계받은 보증금을 말한다. 따라서 이 보증금도 타인자금에 속하게 된다. 그런데 여기서 문제는 이 보

증금을 둘러싸고 다양한 편법이 등장할 수 있다는 것이다.

첫째, 보증금을 부모가 대신 갚아준 경우가 있다.
둘째, 보증금이 가짜인 경우가 있다.
셋째, 전세계약을 자녀로 해두고, 자금을 부모가 대는 경우도 있다.

3) 회사지원금·사채 등

이는 대부업법에 따라 등록된 대부업체 및 소속된 회사 등의 주택자금으로 상환기간 등이 약정된 자금을 말한다. 소속된 회사가 특수관계인에 해당하지 않으면 큰 문제는 없으나, 그렇지 않은 경우에는 다양한 문제점이 파생할 수 있다.

4) 그 밖의 차입금

가족이나 친인척 등으로부터 대부받아 조달하는 자금이다. 통상 상환기간 약정이 없거나 불분명한 대여금이 다수를 차지하고 있다. 실무에서 보면 증여성 자금을 차입금으로 표시되는 경우가 상당히 많아 이에 대한 자금출처조사의 강도가 점점 세지는 경향이 있다. 이에 대해서는 뒤에서 자세히 검토하기로 하자.

투기과열지구 내 자금조달계획서는 어떻게 작성하는가?

자금출처조사는 투기과열지구 내에서 9억 원이 넘는 주택에 집중될 가능성이 높다. 가격이 높고, 그에 따라 편법이 동원될 가능성이 높기 때문이다. 이에 따라 부동산거래신고법에서도 자금조달계획서 작성은 물론이고, 거래증빙 제출도 아울러 요구하고 있는 실정이다.

1. 투기과열지구와 자금조달계획서

서울 등 투기과열지구 내에서 주택을 취득하는 경우 자금조달계획서의 작성과 거래증빙을 제출해야 한다. 투기과열지구의 지정현황은 '대한민국 전자관보'에서 검색할 수 있다. 조정대상지역도 마찬가지다.

1) 자금조달계획서의 제출

투기과열지구 내에서 주택을 거래한 경우 무조건 계약일로부터 30일 내에 관할 지자체에 이를 제출해야 한다.

2) 거래증빙의 제출

투기과열지구 내에서는 자금조달계획서 외에 예금잔액증명서 같은 거래증빙도 같이 제출해야 한다. 거래증빙은 자금 소요항목에 맞추는 것이 중요한데 제출 전에 세무상 쟁점이 없는지를 충분히 검토할 필요가 있다. 자금의 성격에 따라 다양한 문제점이 파생할 수 있기 때문이다. 참고로 자금조달계획서나 거래증빙의 제출대상이 변경되더라도 이들에 대한 작성 및 제출원리는 동일하다.

2. 자금조달계획서 작성 사례 ①

1) 자금조달계획서 작성

다음 자료를 보고 자금조달계획서를 작성해보자.

〈자료〉
A가 투기과열지구 내 10억 원의 주택을 구입하면서 ① 금융기관 예금액 3억 원, ② 주택담보대출 3억 원, ③ 부동산 처분대금 4억 원으로 자금을 조달할 계획인 경우

자기 자금	② 금융기관 예금액 300,000,000 원		③ 주식·채권 매각대금 원	
	④ 증여·상속 원		⑤ 현금 등 그 밖의 자금 원	
	[ ]부부 [ ]직계존비속 (관계:) [ ]그 밖의 관계 ( )		[ ]보유 현금 [ ]그 밖의 자산 (종류:)	
	⑥ 부동산 처분대금 등 400,000,000 원		⑦ 소계 700,000,000 원	
차입금 등	⑧ 금융기관 대출액 합계 300,000,000 원	주택담보대출		300,000,000 원
		신용대출		원
		그 밖의 대출	(대출 종류:)	원
	기존 주택 보유 여부 (주택담보대출이 있는 경우만 기재) [V]미보유 [ ]보유 (건)			
	⑨ 임대보증금 등 원		⑩ 회사지원금·사채 등 원	
	⑪ 그 밖의 차입금 원		⑫ 소계	
	[ ]부부 [ ]직계존비속 (관계:) [ ]그 밖의 관계 ( )		300,000,000 원	
⑬ 합계			1,000,000,000 원	

투기과열지구 내에서 고가주택을 취득하는 경우 자금조달계획 서상의 모든 항목이 점검대상이 될 수 있다.

2) 거래증빙의 제출

증빙자료로는 ① 예금잔액증명서, ② 금융거래확인서, ③ 부동산 매매계약서 총 3개의 서류를 제출해야 한다.

3. 자금조달계획서 작성 사례 ②

1) 자금조달계획서 작성

〈자료〉
B가 투기과열지구 내 11억 원의 주택을 구입하면서 ① 금융기관 예금액 4억 원, ② 주식 매각대금 1억 원, ③ 증여(아버지) 3억 원, ④ 주택담보대출 2억 원(잔금 지급 시 실행), ⑤ 회사지원금 1억 원(잔금 지급 시 실행)으로 자금을 조달할 계획인 경우

자기자금	② 금융기관 예금액		400,000,000 원	③ 주식·채권 매각대금	100,000,000 원
	④ 증여·상속		300,000,000 원	⑤ 현금 등 그 밖의 자금	원
	[ ] 부부 [V] 직계존비속 (관계 : 부) [ ] 그 밖의 관계 ( )			[ ] 보유 현금 [ ] 그 밖의 자산 (종류 :)	
	⑥ 부동산 처분대금 등		원	⑦ 소계	800,000,000 원
차입금 등	⑧ 금융기관 대출액 합계 200,000,000 원	주택담보대출			200,000,000 원
		신용대출			원
		그 밖의 대출		(대출 종류 :)	원
	기존 주택 보유 여부(주택담보대출이 있는 경우만 기재) [V] 미보유 [ ] 보유 (건)				
	⑨ 임대보증금 등		원	⑩ 회사지원금·사채 등	100,000,000 원
	⑪ 그 밖의 차입금		원	⑫ 소계	
	[ ] 부부 [ ] 직계존비속 (관계 :) [ ] 그 밖의 관계 ( )				300,000,000 원
⑬ 합계					1,100,000,000 원

투기과열지구 내에서는 취득에 대한 증빙을 제출하는 경우가 많기 때문에 이에 주의해야 한다.

2) 거래증빙의 제출

신고 시 제출하는 증빙자료로는 ① 예금잔액증명서, ② 주식거래내역서, ③ 증여세 신고서 총 3개의 서류가 있다. 한편 ④ 금융거래확인서, ⑤ 회사지원금대출확인서는 대출 실행 후 소명 요구 시 제출한다.

4. 투기과열지구에서 주의해야 할 점

투기과열지구 내에서는 다음과 같은 제도들에 주의해야 한다.

- 대출규제가 강화된다.
- 세제규제가 강화된다.
- 자금조달계획서를 제출해야 한다.
- 거래증빙을 제출해야 한다.

조정대상지역 내 자금조달계획서는 어떻게 작성하는가?

다음은 조정대상지역에서 주택을 취득한 경우 자금조달계획서의 작성 사례다. 이러한 지역에서는 거래증빙의 제출의무는 없다. 참고로 투기과열지구는 대부분 조정대상지역에도 해당하는데, 이렇게 중복이 되는 경우에는 투기과열지구에 대한 거래증빙도 제출해야 함에 유의해야 한다.

1. 조정대상지역과 자금조달계획서

서울 등 조정대상지역 내에서 주택을 취득하는 경우 자금조달계획서를 제출해야 한다. 한편 조정대상지역이 투기과열지구에도 해당하면 거래증빙을 별도로 제출해야 한다.

1) 자금조달계획서의 제출

조정대상지역 내에서 주택을 거래한 경우 무조건 계약일로부터 30일 내에 관할 지자체에 이를 제출해야 한다.

2) 거래증빙의 제출

조정대상지역에서는 거래증빙의 제출의무가 없다. 물론 조정대상지역이 투기과열지구에도 해당하면 이를 제출해야 한다.

2. 자금조달계획서 작성 사례

다음 자료에 따라 자금조달계획서를 작성해보자.

〈자료〉
A가 조정대상지역 내 5억 원의 주택을 구입하면서 ① 금융기관 예금액 3억 원, ② 주택담보대출 1억 원, ③ 기타 보유한 현금 1억 원으로 자금을 조달할 계획인 경우

자기자금	② 금융기관 예금액 300,000,000 원	③ 주식·채권 매각대금 원
	④ 증여·상속 원 [ ]부부 [ ]직계존비속 (관계:) [ ]그 밖의 관계 ( )	⑤ 현금 등 그 밖의 자금 100,000,000 원 [ ]보유 현금 [ ]그 밖의 자산 (종류:)
	⑥ 부동산 처분대금 등 원	⑦ 소계 400,000,000 원

차입금 등	⑧ 금융기관 대출액 합계 100,000,000 원	주택담보대출	100,000,000 원
		신용대출	원
		그 밖의 대출 (대출 종류 :)	원
	기존 주택 보유 여부(주택담보대출이 있는 경우만 기재) [V]미보유 [ ]보유 (건)		
	⑨ 임대보증금 등 원	⑩ 회사지원금·사채 등	원
	⑪ 그 밖의 차입금 원	⑫ 소계	
	[ ] 부부 [ ] 직계존비속 (관계 :) [ ] 그 밖의 관계 ( )		100,000,000 원
⑬ 합계			500,000,000 원

　조정대상지역 내에서는 거래증빙을 제출하지 않기 때문에 투기과열지구에서 거래되는 것보다 은닉사실을 적발하는 것이 쉽지 않다.

3. 조정대상지역에서 주의해야 할 점

　조정대상지역 내에서는 다음과 같은 제도들에 주의해야 한다.

· 대출규제가 강화된다.
· 세제규제가 강화된다.
· 자금조달계획서를 제출해야 한다.
· 거래증빙은 제출하지 않아도 된다.

비규제지역 내 자금조달계획서는 어떻게 작성하는가?

다음은 비규제지역에서 주택을 취득한 경우의 자금조달계획서의 작성 사례다. 이러한 지역에서 고가주택을 취득한 경우라도 거래증빙을 제출하지 않으므로 세무 위험성은 그리 높지 않다.

1. 비규제지역과 자금조달계획서

앞에서 본 투기과열지구와 조정대상지역 외의 지역(비규제지역)에서 주택을 취득하는 경우 다음처럼 자금조달계획서를 제출해야 한다.

1) 자금조달계획서의 제출

비규제지역 내에서 6억 원 이상의 주택을 거래한 경우 계약일로부터 30일 내에 관할 지자체에 제출해야 한다.

2) 거래증빙의 제출

비규제지역에서는 거래증빙의 제출의무가 없다.

2. 자금조달계획서 작성 사례

다음 자료에 따라 자금조달계획서를 작성해보자.

〈자료〉
A가 비규제지역 내 7억 원의 주택을 구입하면서 ① 증여받은 금액 3억 원, ② 수택담보대출 1억 원, ③ 보유한 현금 3억 원으로 자금을 조달할 계획인 경우

자기자금	② 금융기관 예금액	원	③ 주식·채권 매각대금	원
	④ 증여·상속	300,000,000 원	⑤ 현금 등 그 밖의 자금	300,000,000 원
	[ ] 부부 [ ] 직계존비속 (관계:) [ ] 그 밖의 관계 ( )		[V] 보유 현금 [ ] 그 밖의 자산 (종류:)	
	⑥ 부동산 처분대금 등	원	⑦ 소계	600,000,000 원
차입금 등	⑧ 금융기관 대출액 합계		주택담보대출	100,000,000 원
			신용대출	원
		100,000,000 원	그 밖의 대출 (대출 종류:)	원
	기존 주택 보유 여부 (주택담보대출이 있는 경우만 기재) [V] 미보유 [ ] 보유 (건)			
	⑨ 임대보증금 등	원	⑩ 회사지원금·사채 등	원
	⑪ 그 밖의 차입금	원	⑫ 소계	
	[ ] 부부 [ ] 직계존비속 (관계:) [ ] 그 밖의 관계 ( )			100,000,000 원
⑬ 합계				700,000,000 원

비규제지역에서는 6억 원 이상의 거래를 하면 자금조달계획서를 제출해야 한다. 이 지역에서는 거래증빙을 제출하지 않아도 된다.

3. 비규제지역에서 주의해야 할 점

비규제지역 내에서는 다음과 같은 제도들에 주의해야 한다.

· 대출규제는 적용되지 않는다.
· 세제규제는 비교적 강도가 약하다.
· 자금조달계획서를 제출해야 한다.
· 거래증빙은 제출하지 않아도 된다.
· 이처럼 비규제지역은 6억 원 이상의 거래 시에만 자금조달계획서를 제출하면 된다.

조달자금 지급방식 작성 시 주의할 점은?

최근 개정된 자금조달계획서를 보면 조달자금 지급방식란이 새로 신설되었다. 그렇다면 이 란은 왜 생겼을까? 그리고 이와 관련되어 알아둬야 할 내용들은 무엇일까? 이러한 신설된 서식은 실제 조사 시 매우 중요한 역할을 하게 된다. 자금흐름을 직접 겨냥하기 때문이다.

1. 신설된 조달자금 지급방식 서식

최근 자금조달계획서에 다음과 같은 란이 신설되었다.

총거래금액	원
⑯ 계좌이체 등 금액	원
⑰ 보증금·대출 승계 등 금액	원
⑱ 현금 및 그 밖의 지급방식금액	원
지급 사유 ( )	

제5장 실전 자금조달계획서 작성법

이는 조달된 자금이 어떤 식으로 거래상대방에게 전달되었는지를 파악하기 위한 목적이 있다.

예를 들어 10억 원짜리 부동산을 취득한 경우 금융기관을 통해 거래한 금액이 5억 원이고, 이 중 보증금 등을 승계한 금액이 3억 원이고, 나머지는 현금을 지급한 경우라면 다음과 같이 기재해야 한다.

총거래금액	1,000,000,000원
⑯ 계좌이체 등 금액	500,000,000원
⑰ 보증금·대출 승계 등 금액	300,000,000원
⑱ 현금 및 그 밖의 지급방식금액	200,000,000원
지급 사유[35] ( )	

2. 조달자금 지급방식란이 신설된 이유

앞과 같이 조달자금 지급방식란이 신설된 이유는 무엇일까? 이는 두말할 필요가 없이 자금출처조사를 원활히 하기 위해서다. 예를 들어 계좌이체로 10억 원을 모두 지급했다고 하면 통장사본만 확인하면 될 것이다. 하지만 현금으로 모두 조달했다고 하면 정상적인 거래방식을 벗어나므로 세무조사의 강도가 훨씬 더 세질 것이다. 이러한 란의 신설로 앞으로 다음과 같은 행위들이 많이 없어질 것으로 예상된다.

---

[35] 현금 등으로 지급한 사유를 기재하면 되나 어떤 식으로 적어야 할지 고민이 있을 가능성이 높다. 일반적이지 않아 의심을 살 수 있기 때문이다. 주의하기 바란다.

첫째, 우회자금거래가 없어질 것으로 보인다.

자녀가 부동산을 구입하면서 계약금과 중도금은 자녀 본인이 내고, 잔금을 부모가 거래 상대방에게 직접 지급하는 경우 앞의 신설된 서식란 중 ⑱에 기록되게 된다. 따라서 이러한 방식으로 자금을 지급하면 조사의 가능성이 매우 높기 때문에 이러한 거래방식은 스스로 하지 않을 가능성이 높아진다.

둘째, 직계존비속 간 가짜 전세보증금이 사라질 것으로 보인다.

⑰항목은 매도자가 특수관계인이 아닌 경우에는 큰 문제가 없지만, 특수관계인에 해당하면 이 금액이 진짜인지, 가짜인지의 여부에 대해 집중적인 견제를 받을 수 있다. 특히 전세계약을 가짜로 하고, 이를 매개로 각종 탈법을 시도하는 경우 다양한 방법으로 불이익을 받을 가능성도 높아지고 있다.

셋째, 현금이나 수표 등으로 자금을 변제하는 것들이 없어질 것으로 보인다.

이는 ⑱항목에 기재되는 것으로 이의 금액이 크면 편법이 동원되었을 개연성이 크기 때문에 조사의 강도가 셀 가능성이 높다.

결국 이러한 문제에도 신경을 써야 사후적으로 문제가 없을 것이다.

3. 적용 사례

사례를 통해 앞의 내용들을 확인해보자.

Q. 부동산을 취득하면서 전액 계좌이체를 했다. 어떤 문제가 있을까?
적어도 조달자금 지급방식에서는 외관상 문제점이 없어 보인다.

Q. 매도자는 부모이며, 보증금으로 상계된 금액이 10억 원 중 5억 원이었다. 이 경우 어떤 문제점이 있는가?
이 경우 다음처럼 조달자금 지급방식이 기재된다.

총거래금액	1,000,000,000원
⑯ 계좌이체 등 금액	500,000,000원
⑰ 보증금·대출 승계 등 금액	500,000,000원
⑱ 현금 및 그 밖의 지급방식금액	원
지급 사유 ( )	

따라서 제3자와의 거래라면 문제는 없어 보이지만, 매도자가 부모라면 보증금이 진짜인지, 가짜인지 확인하기 위해 조사를 할 가능성이 높다.

Q. 부동산 10억 원짜리를 전액 현금으로 구입한 경우 어떤 문제점이 있을까?
이는 누가 봐도 구입자금 전체가 문제가 있다고 볼 수 있다. 따라서 당연히 이에 대한 확인이 필요할 것이다.

Q. 자기앞수표는 어느 란에 적는가?

⑱란에 기입이 된다.

Q. 공동 투자로 받은 돈은 어떻게 표시가 될까?

계좌이체이면 ⑯, 기타 현금 등은 ⑱번에 표시가 된다. 공동 투자 시에는 배당금에 대한 조사로 이어질 수 있다.

부동산 거래신고의 검증과 조사는 어떻게 될까? 그리고 소명서 제출은?

 부동산 거래 당사자 등이 부동산거래신고서와 자금조달계획서, 그리고 거래증빙 등을 제출하면 그다음 절차는 무엇일까? 이에 대해서는 당연히 관할 지자체 등에서 신고 내용에 대한 검증이 있을 것이다. 그리고 필요에 따라서는 조사가 이루어질 것이다. 그리고 조사결과에 따라서는 국세청에 관련 내용이 통보될 것이다. 이러한 관점에서 다음의 내용들을 살펴보자.

1. 부동산 거래신고의 검증

 부동산거래신고법 제5조에서는 신고 내용의 검증에 대해 다음과 같이 정하고 있다.

> ① 국토교통부장관은 제3조에 따라 신고 받은 내용, 「부동산 가격공시에 관한 법률」에 따라 공시된 토지 및 주택의 가액, 그 밖의 부동산 가격정보를 활용하여 부동산거래가격 검증체계를 구축·운영해야 한다.
>
> ② 신고관청은 제3조에 따른 신고를 받은 경우 제1항에 따른 부동산 거래가격 검증체계를 활용하여 그 적정성을 검증해야 한다.
>
> ③ 신고관청은 제2항에 따른 검증 결과를 해당 부동산의 소재지를 관할하는 세무관서의 장에게 통보해야 하며, 통보받은 세무관서의 장은 해당 신고 내용을 국세 또는 지방세 부과를 위한 과세자료로 활용할 수 있다.
>
> ④ 제1항부터 제3항까지에 따른 검증의 절차, 검증체계의 구축·운영, 그 밖에 필요한 세부 사항은 국토교통부장관이 정한다.

앞의 규정을 보면 부동산 거래신고 내용 등에 대한 검증을 위해서 국토교통부장관이 정한 부동산 거래가격 검증체계를 활용하도록 하고 있다. 그리고 검증 결과를 소재지를 관할하는 세무관서의 장에게 통보하도록 하고 있다.

2. 부동산 거래신고 내용의 조사

부동산 거래신고 내용에 대한 조사는 신고한 내용에 대한 문제가 있다고 판단 시에 관할 지자체의 공무원들(수탁기관인 한국감정원 포함)로 하여금 그 내용을 확인하게 해서 과태료 등을 부과할 목적으로 진행하는 행정행위를 말한다. 이에 대해 부동산거래신고법 제6조에서 다음과 같이 정하고 있다.

① 신고관청은 제3조, 제3조의 2 또는 제8조에 따라 신고 받은 내용이 누락되어 있거나 정확하지 아니하다고 판단하는 경우에는 국토교통부령으로 정하는 바에 따라 신고인에게 신고 내용을 보완하게 하거나 신고한 내용의 사실 여부를 확인하기 위하여 소속 공무원으로 하여금 거래 당사자 또는 개업공인중개사에게 거래계약서, 거래대금 지급을 증명할 수 있는 자료 등 관련 자료의 제출을 요구하는 등 필요한 조치를 취할 수 있다.

② 제1항에 따라 신고 내용을 조사한 경우 신고관청은 조사 결과를 특별시장, 광역시장, 특별자치시장, 도지사, 특별자치도지사(이하 "시·도지사"라 한다)에게 보고해야 하며, 시·도지사는 이를 국토교통부령으로 정하는 바에 따라 국토교통부장관에게 보고해야 한다.

③ 생략

④ 국토교통부장관 및 신고관청은 제1항 및 제3항에 따른 신고 내용 조사를 위하여 국세·지방세에 관한 자료, 소득·재산에 관한 자료 등 대통령령으로 정하는 자료를 관계 행정기관의 장에게 요청할 수 있다. 이 경우 요청을 받은 관계 행정기관의 장은 정당한 사유가 없으면 그 요청에 따라야 한다.

⑤ 국토교통부장관 및 신고관청은 신고 내용 조사 결과 그 내용이 이 법 또는 「주택법」, 「공인중개사법」, 「상속세 및 증여세법」 등 다른 법률을 위반하였다고 판단되는 때에는 이를 수사기관에 고발하거나 관계 행정기관에 통보하는 등 필요한 조치를 할 수 있다.

앞의 제1항에서의 국토교토부령은 동법 시행규칙 제6조(신고 내용의 조사 등)를 말한다.

① 국토교통부장관 또는 신고관청(이하 "조사기관"이라 한다)은 법 제6조 제1항 또는 제3항에 따라 신고 내용을 조사하기 위하여 거래 당사자 또는 개업공인중개사에게 다음 각 호의 자료를 제출하도록 요구할 수 있다.

1. 거래계약서 사본
2. 거래대금의 지급을 확인할 수 있는 입금표 또는 통장 사본
3. 매수인이 거래대금의 지급을 위하여 다음 각 목의 행위를 하였음을 증명할 수 있는 자료
   가. 대출
   나. 정기예금 등의 만기수령 또는 해약
   다. 주식·채권 등의 처분
4. 매도인이 매수인으로부터 받은 거래대금을 예금 외의 다른 용도로 지출한 경우 이를 증명할 수 있는 자료
5. 그 밖에 신고 내용의 사실 여부를 확인하기 위하여 필요한 자료

② 제1항에 따른 자료제출 요구는 요구사유, 자료의 범위와 내용, 제출기한 등을 명시한 서면으로 해야 한다.

③ 제1항 및 제2항에서 규정한 사항 외에 신고 내용의 조사에 필요한 세부사항은 국토교통부장관이 정한다.

그리고 시행규칙 제3항에서는 신고 내용의 조사에 필요한 세부적인 사항은 국토교통부장관이 별도로 제정한 훈령에 따르도록 하고 있다.

여기서 훈령은 '부동산 거래가격 검증체계 운영 및 신고 내용 조사 규정'을 말한다. 이 훈령의 제9조를 보면 조사 시 확인 및 검토해야 할 사항을 구체적으로 정하고 있다. 실무에 적용할 때 주의 깊게 확인해보기 바란다.

① 신고관청이 조사를 실시하는 때에는 다음 각 호의 사항을 확인·검토해야 한다.
1. 거래계약서 : 거래 당사자 계약의 경우 공인중개사의 개입 여부, 공인중개사가 중개한 계약으로 확인되는 경우 이중계약서 작성 여부, 거래가격 거짓신고, 미신고에 대한 검토
2. 거래대금의 지급을 확인할 수 있는 입출금표 또는 통장사본 : 거래 당사자 간 대금지급을 위한 계좌이체, 입출금표 또는 통장사본, 수표지급 등에 대하여는 계약금, 중도금, 잔금 지급금액 및 지급일과의 전후 관계를 고려하여 일치여부 등을 확인
3. 매수인이 거래대금 지급을 위하여 자금을 조성한 내역 : 대출금, 정기예금 수령 및 해약, 주식·채권 등의 처분 금액과 시기가 거래대금 지급 금액 및 시기와의 전후 사실관계 확인
4. 매도인이 매수인으로부터 받은 거래대금을 예금 외 용도로 지출한 증명자료 : 다른 부동산을 구입한 경우 계약서, 채무 변제의 경우 해당 은행의 확인서 등의 지급액, 지급시기 등을 검토
5. 기타 거래 당사자 간 거래대금을 주고받은 것을 증명할 수 있는 자료 : 공증을 한 차용증 등 거래대금 지급을 증명할 수 있는 객관적인 자료로 한정하고, 현금지급에 대하여는 현금조성에 따른 증명자료(입·출금 날짜가 표시된 통장사본 등 기타 현금조성으로 볼 수 있는 근거)를 요구하여 계약의 이행, 의견진술 내용 등을 종합적으로 검토
6. 중개계약서, 중개대상물 확인·설명서 등으로 중개행위가 있었던 사실을 확인하고, 중개수수료 지급내역으로 거래가격을 환산하여 판단
7. 기타 신고사항의 사실여부를 확인하기 위하여 필요한 자료 : 매매에 준하는 기타 계약서(대물변제, 포괄양수양도계약서 등), 전세금 또는 보증금 등이 포함된 경우 임대차 계약서 등의 금액이 계약서 내용과의 일치 여부

② 신고관청은 다음 각 호에 해당하는 사례에 따라 조사종결, 과태료 부과, 추가자료 요구 등 조치사항에 대한 검토를 해야 한다.
1. 거래대금지급 증명자료 등을 모두 제출한 경우
    가. 거래대금지급증명자료가 신고가격과 일치하는 경우에는 혐의 없음으로 조사종결
    나. 거래대금지급증명자료로 거짓신고가 확인된 경우에는 영 [별표] 제2호 다목에 따른 거짓신고 과태료 부과 예고

다. 거래 당사자 간의 의견서 진술 및 거래대금지급 증명자료 내역이 서로 다른 경우에는 금융기관에서 발급한 증명자료 중심으로 검토하고, 거래금액 확인이 곤란한 경우에는 추가자료를 요구하여 검토하고, 기한 내 추가자료를 제출하지 않는 경우 영 [별표] 제2호 가목에 따른 과태료 부과 예고

2. 거래대금지급 증명자료 제출 요구에 의견서만 제출한 경우

   가. 거래대금지급 증명자료를 제출하지 않는 경우에는 과태료가 부과됨을 고지하는 내용을 포함하여 추가로 자료제출을 요구하고, 기한 내 자료를 제출하지 않는 경우 영 [별표] 제2호 가목에 따른 과태료 부과 예고

   나. 의견서 내용을 검토한 결과 거짓신고가 확인된 경우 상대방의 진술내용을 비교·검토하여 거래 당사자 쌍방에게 거짓신고 과태료 부과 예고

   다. 기준가격보다 현저히 낮은 경우로서 거래대금 지급 사실이 없음을 진술한 경우에는 거래 당사자에게 증여를 매매로 위장신고한 혐의로 세무서에 통보 대상임을 포함한 내용으로 1차 자료제출을 독촉하고, 기한 내 거래대금 자료 미제출 시에는 관할 세무서에 증여혐의자로 통보

3. 거래 당사자 중 일방의 자료제출만 있는 경우

   가. 일방의 진술 또는 거래대금지급 증명자료에 의해 거짓신고가 확실한 경우 쌍방에게 거짓신고 과태료 부과 예고

   나. 일방의 제출자료로 거짓신고 판단이 어려운 경우 거래 당사자 쌍방에게 거래대금지급을 증명하는 추가 자료를 요구하고, 기한 내 자료를 제출하지 않는 경우 영 [별표] 제2호 가목에 따른 과태료 부과 예고

4. 거래금액 중 일부 금액의 소명이 어려운 경우 : 거래 당사자 및 공인중개사가 자료를 제출하였으나, 일부 현금지급을 주장하여 금액의 소명이 어려운 경우 제1항 제5호에 따른 현금조성의 방법 등에 대한 증명자료와 거래 당사자의 의견서의 신빙성 등을 종합적으로 판단하여 거짓신고 여부를 결정

5. 거래대금지급증명자료 미제출로 과태료 부과 예고 후 거래내역 증명 자료를 제출하는 경우 이를 접수하여 신고내역의 사실여부를 검토하고 사실로 확인되는 경우에는 과태료 미부과

3. 소명서 제출방법

이상의 절차를 거쳐 거래 당사자가 관할 지자체로부터 신고한 내용에 대해 소명요구를 받을 때에는 서식(다음 참조)에 맞춰 소명서를 제출한다. 이때에는 향후 세무서에 통보된 가능성도 염두에 둘 필요가 있다. 관할 지자체에서는 증여세 등의 탈루혐의가 있으면 국세청에 통보를 하게끔 되어 있기 때문이다. 따라서 소명서 작성 및 제출 전에는 반드시 세무전문가 등의 확인을 거치는 것이 좋을 것으로 보인다.

Tip 관계기관 합동조사 조사대상 세부내용

요즘은 부동산에 대해 정부에서 합동조사를 하는 경우가 많다. 이러한 조사에서 문제가 되는 행위들과 그에 따른 조치를 살펴보자.

1. **[다운계약 의심]** 서울시 ○○구 매도인 A씨와 매수인 B씨는 최근 10억여 원에 거래한 아파트를 9억 원에 실거래신고 → 과태료, 국세청 통보 대상

2. **[업계약 의심]** 서울시 ○○구 매도인 C씨와 매수인 D씨는 최근 10억여 원에 거래되는 아파트를 11억 원에 실거래신고 → 과태료, 국세청 통보 대상

3. **[편법증여 의심]** 서울시 ○○구 매수인 E씨는 미성년자로 아버지인 F씨와 10억 원의 아파트를 현금으로 거래했다고 자금조달계획서 신고 → 국세청 통보 대상

4. **[불법전매 의심]** 서울시 ○○구 매도인 G씨는 매수인 H씨와 분양권을 거래했으며 소명자료 요구 결과, 거래대금을 아무 연관이 없는 I씨에게 입금한 내역 확인 → 과태료, 경찰 통보, 국세청 통보 대상

■ 부동산거래가격 검증체계 운영 및 신고내용 조사 규정[별지 제1호서식]

○○시

수신자 : 거래 당사자 주소 및 성명

제 목 : 부동산 거래신고에 따른 관련 자료 제출 요청

1. 귀하께서 ○○○○년 ○○월 중 우리 시(군·구)에 제출하신 부동산거래계약신고서를 검토한 결과, 신고된 거래금액에 대한 추가 확인이 필요해 '부동산 거래신고 등에 관한 법률' 제6조에 따라 실제 거래가격임을 증명할 수 있는 자료(거래계약서 사본, 거래대금의 지급을 확인할 수 있는 입금표 또는 통장 사본, 매수자금 마련에 따른 증명서류 사본, 매도인이 매수인으로부터 받은 대금을 예금 외의 용도로 지출한 경우 이를 증명할 수 있는 서면, 기타 거래대금을 주고받은 것을 증명할 수 있는 서류 등)의 제출을 요청하오니 ○○○○년 ○○월 ○○일(최소 10일간)까지 우리 시(○○과 홍길동 ☎○○○-○○○○)로 방문 또는 우편으로 제출해주시기 바랍니다.

2. 또한 법 제29조에 따라 위반사실을 자진 신고한 최초 신고자는 과태료가 감경(50%)될 수 있고, 특히 공인중개사를 통해 부동산 거래계약을 체결한 사실을 입증하는 경우에는 해당 공인중개사가 조사 및 처벌대상이 되며,

3. 아울러 제출기한 내에 증명자료를 제출하지 않거나 불성실하게 제출하는 경우 같은 법 제28조 제1항에 따라 3천만 원 이하의 과태료가 부과될 수 있사오니 이 점 유의해주시기 바랍니다.

붙임 부동산 거래신고 소명서 서식 1부. 끝.

시장·군수·구청장 [직인]

210mm×297mm[백상지(80g/㎡) 또는 중질지(80g/㎡)]

■ 부동산 거래가격 검증체계 운영 및 신고내용 조사 규정[별지 제3호 서식]

(앞쪽)

부동산 거래신고 소명서

통지번호					
소명인	매도인	성명		생년월일	
		연락처			
		주소			
	매수인	성명		생년월일	
		연락처			
		주소			
부동산의 표시		소재지			
		면적(㎡)			
부동산의 가격		신고금액			
		실제 거래금액			
개업공인 중개사가 중개한 경우		공인중개사 성명		생년월일	
		상호 및 대표자		연락처	
		사무소 소재지			
		계약조건			
그 밖의 경우		당사자 선택방법			
		계약서 작성장소			
		소유권이전 등기신청방법			
		부동산 거래 신고자			
		계약조건			

210mm×297mm[백상지(80g/㎡) 또는 중질지(80g/㎡)]

(뒤쪽)

소명 의견

본인은 (매도인, 매수인, 공인중개사)로서 위와 같이 부동산 거래신고사항에 대해 소명하고, 증거자료를 첨부해 제출하며, 위 소명내용에 대해 거짓이 있을 경우 어떠한 처분도 감수하겠습니다.

년   월   일

소명인　　　　　　　　　　　(서명 또는 인)

○ 소명의견란이 부족한 경우에는 별지를 사용하실 수 있습니다.
○ 소명에 필요한 증거자료(거래계약서 사본, 거래대금 지급 증명자료, 전세계약서 사본, 중개대상물확인·설명서 사본, 기타 가격입증자료 등)를 첨부하시기 바랍니다.

실전 취득자금출처조사와 소명서 작성법

자금출처조사는 어떻게 시작되는가?

이제 국세청 산하 관할 세무서에서 행하는 자금출처조사에 대해 알아보자. 자금출처조사는 대상자 선정부터 시작된다. 그렇다면 무조건 나이가 어리다고 재산이 많다고 선정하는 것일까? 아니다. 그렇게 해서는 세무행정이 마비되고 말 것이다. 그렇다면 어떤 기준이 있지 않을까?

1. 소득과 재산의 비교·분석

현행 자금출처조사는 소득과 재산상태를 비교해서 그 차이가 많이 나는 층들을 대상으로 진행된다. 물론 관할 지자체에서 자금조달계획서조사 등에 따라 통보된 경우에도 이러한 검증 과정을 거치는 것은 마찬가지다. 이 같은 상황에서 자주 등장하는 모형은 바로 소득과 재산을 비교·분석하는 시스템이다. 이는 납세자가 신고한 소득금액과 재산증가·소비지출액을 비교·분석해 탈루 소득을 찾아내는 전산시스템으로 다음과 같은 구조로 되어 있다.

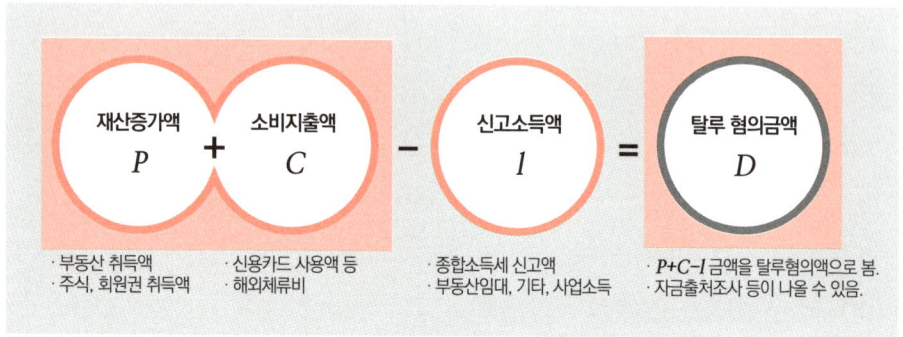

앞의 모형은 자금출처조사에서 매우 중요한 위치를 점하고 있다. 좀 더 자세히 알아보자.

1) 재산증가액

부동산이나 주식 등의 재산증가액을 말한다. 향후 이 시스템이 진화되면 전세보증금 등 모든 재산을 토대로 상시적인 조사가 가능해질 것으로 예상된다. 참고로 재산증가액은 일정한 기간 내에 증가한 가액을 기준으로 한다. 여기서 기간은 5년, 10년 등으로 정해질 수 있다.

2) 소비지출액

신용카드 사용액 등을 말한다. 따라서 신용카드 사용액이나 해외

체류 등을 많이 하는 경우에는 그만큼 소명해야 할 금액이 늘어날 가능성이 높아진다.[36]

3) 신고소득액

개인이 벌어들인 수입금액에서 경비를 차감한 소득금액을 말한다.

4) 탈루혐의 금액

이는 앞의 재산증가액과 소비지출액을 더한 금액에서 신고소득액을 차감한 잔액을 말한다. 이 금액이 많으면 많을수록 탈루혐의 금액이 크다고 할 수 있다.

2. 적용 사례

사례를 통해 앞의 내용을 확인해보자.

〈자료〉
· 최근 5년간의 부동산 취득가액 20억 원
· 최근 5년간의 소비지출액 5억 원
· 최근 5년간의 신고한 소득금액 5억 원

---

[36] 해외체류비의 경우 하루 10만 원 등을 기준으로 한다.

Q. 5년간의 재산증가액과 소비지출액은 얼마인가?

총 25억 원이다.

Q. 5년간 신고한 소득금액은 5억 원이다. 여기서 소득금액은 무엇을 의미하는가?

수입에서 필요경비를 차감한 금액을 말한다.

Q. 재산증가액과 소비지출액에서 소득금액을 차감하면 20억 원이 나온다. 이 경우 자금출처조사가 나올 가능성이 높은가?

그렇다고 볼 수 있다. 따라서 그 차이액에 대한 소명을 요구받을 가능성이 높다.

Q. 만일 소명을 제대로 하지 못하면 어떤 문제가 발생할까?

만약 이를 제대로 소명하지 못하면 사업에 대한 세무조사가 진행될 수 있고, 증여추정제도에 의해 증여세가 부과될 수도 있다.

Tip PCI시스템 Property, Consumption and Income Analysis System

이 시스템은 현재 다음과 같이 활용되고 있다.

- **기업주의 법인자금 사적사용 여부 검증** : 영리법인의 개인 사주가 회사자금을 임의로 유용해 사적으로 소비지출·재산증식을 했는지 여부를 검증한다.
- **고액자산 취득 시 자금출처 관리 강화** : 취득능력이 부족한 자(소득이 없는 자·미성년자 등)가 고액의 부동산 등을 취득 시 자금출처조사에 사용된다.
- **세무조사대상자 선정 시 활용** : 고소득 자영업자 세무조사 대상자 선정 시 분석 시스템을 활용해 신고소득에 비해 재산증가나 소비지출이 큰 사업자를 선정하는 데 활용된다.

국세청의 자금출처조사는 2가지 유형이 있다고 한다. 어떤 것들이 있는가?

국세청의 자금출처조사는 크게 2가지의 형태로 나뉜다. 하나는 간편조사, 다른 하나는 일반조사다. 이 중 간편조사는 비대면 서면 위주로 조사하는 것이고, 일반조사는 간편조사 후 그 내용에 심각한 오류 등이 있는 경우 정식으로 조사하는 것을 말한다. 이러한 내용은 상증세 사무처리규정 제37조에 규정되어 있다.

상증세 사무처리규정(훈령) 제37조에서 규정하고 있는 자금출처조사의 유형을 살펴보자.

① 자금출처조사는 납세자 재산규모·성실도 수준·탈루혐의의 경중 등을 고려하여 일반조사와 간편조사로 분류한다.

② 간편조사란 단기간 동안 필요 최소한의 범위 내에서 상담위주로 실시하는 조사를 말하며, 간편조사에 해당하는 경우 그 사실을 납세자에게 통지해야 한다.

③ 제2항에 따른 간편조사 과정에서 중대·명백한 탈루혐의가 발견되는 등 추가적인 사실확인이 필요한 경우 일반조사로 전환할 수 있다. 이 경우 일반조사로 전환된 사실을 납세자에게 통지해야 한다.

앞의 내용을 좀 더 자세히 살펴보자.

첫째, 조사는 크게 일반조사와 간편조사로 구분한다.
납세자의 재산규모가 크고 신고를 불성실하게 하는 경우, 그리고 탈루혐의가 큰 경우에는 일반조사로, 그 외는 간편조사로 하는 것을 말한다.

둘째, 간편조사란 단기간 동안 최소한의 범위 내에서 상담위주로 실시하는 조사를 말한다.
기간은 단기간이며, 상담위주는 주로 전화 등에 의해 소명을 요구하는 것을 말한다. 따라서 이 절차에 따라 간단한 소명서를 제출하면 이를 바탕으로 확인하고, 문제가 없으면 조사를 종결하게 된다.

셋째, 일반조사는 간편조사 과정에서 중대·명백한 탈루혐의가 발견되는 경우 추가로 조사하는 것을 말한다.
이는 정식적인 조사의 한 과정으로 비교적 장기간의 시간이 소요되고, 탈루사실을 확정하기 위해 세부적인 자료 등을 확인하게 된다.

> **Tip 일반조사의 절차**[37]
>
> · 세무조사 통지서 발송 : 조사개시 15일 전
> · 세무조사 진행
> · 세무조사 종결 : 세무조사 종료 후 20일 내에 통지
> · 조세불복 : 과세적부심사, 이의신청 등 조세불복

---

[37] 자금출처조사가 강도 높게 진행되면 이에 대한 대응이 힘들 수 있다. 저자와 상의하기 바란다.

국세청의 자금출처조사 업무절차는?

자금출처조사는 이를 받는 사람의 입장에서는 고역이 아닐 수 없다. 따라서 이를 집행하는 세무행정은 일정한 절차에 따를 수밖에 없다. 이에 상속세 및 증여세 사무처리규정 제21조에는 다음과 같이 해명안내 등에 대한 절차를 두고 있다.

① 지방국세청장(성실납세지원국장) 또는 세무서장(재산제세 담당과장)은 납세자의 해명이 필요한 경우 『상속세(증여세) 신고 내용 확인 해명자료 제출 안내(별지 제27호 서식)』와 『납세자 해명자료 제출(별지 제30호 서식)』로 납세자에게 서면으로 발송해야 한다. 이 경우 해명자료 제출기간은 1주 이상으로 적정하게 부여하고, 해명자료는 신고 내용 확인 범위에 한정하여 구체적으로 제출을 안내해야 한다.

② 제1항에 따른 해명자료 제출 안내 시 납세자의 권리 보호를 위해 『상속·증여세(신고 내용 확인) 권리보호 요청제도에 대한 안내(별지 제31호 서식)』를 함께 교부하여 세무조사로 인식되지 않도록 해야 한다.

③ 신고 내용 확인 업무는 납세자와의 직접적인 접촉 없이 간접확인의 방법으로 수행함을 원칙으로 한다.

④ 해명자료 검토 결과, 과세표준과 납부세액 또는 환급세액에 오류 또는 누락된 내용이 발견되는 경우 납세자에게 대상자 선정일로부터 2개월 이내에 『상속세(증여세) 수정(기한 후)신고 안내(별지 제6호 서식)』로 수정(기한 후)신고를 안내해야 한다.

⑤ 해명자료 검토 결과 오류 또는 누락된 내용이 발견되지 않는 경우 납세자에게 대상자 선정일로부터 2개월 이내에 『상속세(증여세) 신고 내용 확인 해명자료 검토결과 안내(별지 제28호 서식)』로 납세지에게 안내해야 한다.

⑥ 제4항에 따라 납세자가 수정(기한 후) 신고서를 제출한 경우 납세자에게 『상속세(증여세) 수정(기한 후)신고 검토결과 안내(별지 제29호 서식)』로 안내해야 한다.

⑦ 제4항 및 제5항의 경우 제14조에 따른 과세예고통지 및 「조사사무처리규정」에 따른 세무조사 사전통지를 한 경우에는 이를 생략할 수 있다.

앞의 내용 중 핵심적인 내용을 살펴보면 다음과 같다.

첫째, 납세자의 해명이 필요한 경우 서식을 통해 이를 요구한다. 해명자료의 제출기간은 1주 이상 적정하게 부여하며, 신고 내용 확인 범위에 한정해 구체적으로 제출을 안내해야 한다. 이때 세무조사로 인식되지 않도록 해야 한다.

둘째, 신고 내용 확인 업무는 납세자와의 직접적인 접촉 없이 간접확인의 방법으로 수행함을 원칙으로 한다. 즉 비대면을 원칙으로 한다.

셋째, 해명자료 검토 결과, 오류 또는 누락된 내용이 발견되는 경우 납세자에게 대상자 선정일로부터 2개월 이내에 수정(기한 후)신고를 안내해야 한다.

넷째, 해명자료 검토 결과 오류 또는 누락된 내용이 발견되지 않은 경우 납세자에게 대상자 선정일로부터 2개월 이내에 해당 결과를 통보해야 한다.

Tip 해명자료의 제출

관할 세무서의 해명자료 요구에 대해 다음과 같이 자료를 제출할 수 있다.

【상속세 및 증여세 사무처리규정 별지 제30호 서식】(2019. 06. 03 신설)

납세자 해명자료 제출

1. 인적사항

① 문서번호(해명안내관리번호)				
② 해명자료 제출자	성명		생년월일	
	연락처			
③ 해명자료 제출 대상자 (상속세는 피상속인)	성명		생년월일	
	제출자와의 관계			

2. 해명자료 제출에 대한 납세자 의견

3. 해명자료 제출

일련번호	제출자료	비고

상속세(증여세) 해명자료 제출안내와 관련해 해명자료를 붙임과 같이 제출합니다.

　　　　　　　　　　　　　　　　　　　년　　　월　　　일

　　　　　　　　　　　제출인　　　　　(서명 또는 인)

세무서장 귀하

210㎜×297㎜(인쇄용지 70g/㎡)

자금출처 해명요구에 납세자의 대응법은?

관할 세무서에서 자금출처조사에 대한 소명을 요구받을 때에는 앞에서 본 내용들을 토대로 해명요구에 답을 할 수 있어야 한다. 그렇다면 어떤 식으로 이에 대한 업무처리를 하는 것이 좋을지 알아보자.

1. 해명요구 소명절차

가장 먼저 해야 할 일은 해명요구서를 분석하는 것이다. 이때에는 다음과 같이 분석하도록 한다.

첫째, 취득한 부동산 등에 대한 내역을 확인한다.
해명요구서를 보면 구체적인 내용이 수록되어 있으므로 이 부분을 확인하면 된다.

둘째, 해명해야 할 금액을 산정한다.

해명해야 금액은 통상 취득가액(부대비용 포함)의 80%(한도 2억 원)이다. 예를 들어 취득가액이 10억 원이면 8억 원까지는 출처가 확인되어야 한다.

셋째, 자금출처에 대한 입증자료를 준비한다.

이에는 소득세 납세증명서, 원천징수영수증, 매매계약서, 부채증명서, 임대차계약서 사본 등이 해당된다.

넷째, 소명서를 작성한다.

소명서는 일정한 형식이 있는 것이 아니다. 다음의 작성 사례를 참조하기 바란다.

다섯째, 최종적으로 전문가의 의견을 들어 본다.

2. 소명서 작성 사례

다음 사례를 통해 앞의 내용을 확인해보자.

〈자료〉
· 김○○ 씨는 수년 전에 취득한 주택에 대한 자금출처 소명을 요구받았음.
· 그는 할아버지로부터 증여받은 부동산에 나온 임대소득이 있었음.
· 물론 그의 임대소득은 정확히 신고가 되어 있음.

이러한 정보를 바탕으로 자금출처요구에 대한 소명서를 작성하면 다음과 같다. 물론 이러한 소명서는 절대적이지 않음에 유의하기 바란다.[38]

---

[38] 이러한 소명서는 앞에서 본 납세자 해명자료 제출서식에 첨부자료로 제출할 수 있다.

자금출처소명서

귀 서의 자금출처요구에 대한 소명서를 다음과 같이 제출합니다.

1. 소명인 : 김○○(주민등록번호 :   -   )
2. 소명대상 : 취득 시 부족한 금액 210,000,000원
3. 자금출처소명

   (1) 종합소득금액 발생

날짜	임대소득금액	근로소득금액	계
2007년	15,263,824		15,263,824
2008년	16,036,593		16,036,593
2009년	13,292,530		13,292,530
2010년	12,204,396		12,204,396
2011년	13,421,234	1,470,141	14,891,375
2012년	11,647,215	1,177,273	12,824,488
2013년	9,635,199	25,581,511	35,216,710
2014년	10,218,658	34,970,585	45,189,243
계	101,719,639	63,199,510	164,919,149

   (2) 소득금액의 관리

   앞의 임대소득금액은 조부로부터 증여받은 건물에서 발생한 것으로, 증여 후 부모 등과 공동사업의 형태로 운영 중에 있으며, 앞의 임대소득 및 근로소득은 편의상 어머니 명의로 된 공동사업장용 사업용 계좌에서 관리되었음.

   (3) 자금출처소명

   2014년 10월 주택 구입 시 전세보증금을 제외한 210,000,000원은 어머니 명의로 된 공동사업장의 사업용 계좌에서 인출되었음.

은행명/계좌번호	출금일자	출금액	비고
(생략)			

4. 첨부서류
   - 종합소득세 신고자료(관할 세무서에 있으므로 제출 생략 가능)
   - 인출된 사업용 계좌사본 등

2020년 ○○월 ○○일

근로소득자의 자금출처 소명서 작성은?

    근로소득자들은 비교적 자금조달 루트가 단순하다. 보통 자신의 근로소득을 매개로 주택을 구입하는 경우가 일반적이기 때문이다. 하지만 어떤 경우에는 전세보증금 등을 도움 받아 주택을 구입할 수도 있다. 이러한 상황에서는 어떤 문제가 있을까? 사례를 통해 이 부분을 알아보자.

〈자료〉
서울에 거주하고 있는 K씨는 다음과 같이 주택을 구입했음.
· 구입가격 : 10억 원
· 본인의 자금 : 3억 원
· 부인의 자금 : 2억 원
· 10년 전에 부모로부터 받은 전세보증금 : 3억 원
· 기타 대출 : 2억 원

Q. 이 경우 자금출처조사를 받을 수 있는가?

반드시 자금출처조사를 받는다고는 단정할 수 없다. 국세청에서 자체적으로 판단을 해서 조사여부를 결정하기 때문이다.

Q. 자금출처조사 시 입증해야 할 금액은? 단, 취득세 등은 제외한다.

총취득가액 10억 원에서 2억 원을 차감한 8억 원이다.

Q. 입증은 어떤 식으로 하면 되는가?

앞에서 제시한 항목에 대한 자료를 제출하는 식으로 입증하면 된다.

Q. 부인에게 받은 자금에 대해서는 문제점이 없는가?

그렇다. 배우자 간의 증여에 대해서는 10년간 6억 원까지는 증여세가 없기 때문이다.

Q. 부모에게 받은 전세보증금은 문제가 없는가?

있을 수 있다. 증여세를 무신고한 경우 부과제척기간은 15년이다.

Q. 전세보증금에 대해서는 어떤 세금이 추징될 수 있을까?

본세와 2가지의 가산세가 부과될 수 있다.

- 증여세
- 신고불성실가산세
- 납부지연가산세

※ **국심2005중607, 2006. 2. 9.**

대출금 및 근로소득금액은 자금출처로 볼 수 있으나, 근로소득 발생기간 중 타 재산취득사실이 있는 경우에는 그 금액을 차감한 금액을 자금원천으로 인정함. 아울러 자금출처로 인정하는 급여소득의 인정기간이 별도로 정해져 있는 것은 아니며, 다만 급여소득으로 다른 재산의 취득 등에 사용한 사실이 없이 소명대상 재산의 취득자금으로 직접 사용하였음을 입증함이 타당함.

개인사업자의 자금출처조사 소명서 작성은?

개인사업자들은 앞에서 본 근로소득자들보다는 자금조달 루트가 복잡하다. 개인이나 사업에서 자금이 오는 경우가 많기 때문이다. 사례를 통해 이 부분을 알아보자.

〈자료〉

서울에서 성형외과를 운영하는 김○○ 씨는 근래 병원소득이 상당히 많았다. 그는 최근에 50억 원짜리 상가건물을 구입하면서 10억 원만큼의 부채를 조달했다. 이 같은 상황에서 PCI시스템이 작동되어 김 씨가 자금출처조사를 받는다면 어떤 식으로 소명해야 할까? 단, 20×0년부터 20×4년까지의 사업소득 현황은 다음과 같다.

구분	20×0년	20×1년	20×2년	20×3년	20×4년	계
매출	10억 원	15억 원	15억 원	20억 원	15억 원	75억 원
비용	6억 원	9억 원	9억 원	12억 원	9억 원	45억 원
세금	1억 원	2억 원	3억 원	4억 원	3억 원	13억 원
세후이익	3억 원	4억 원	3억 원	4억 원	3억 원	17억 원

앞의 상황에 대해 순차적으로 답을 찾아보자.

Q. 김 씨가 당면한 세금문제는?

김 씨가 당면한 세금문제는 재산취득금액과 신고한 소득(여기서는 세후 소득을 기준으로 함)의 차이에 대한 것이다. 앞의 내용을 보면 재산취득가액은 50억 원인 데 반해 최근 5년간의 가처분 소득은 17억 원 정도가 되므로 33억 원 차이가 난다. 따라서 이에 대한 소명을 명쾌하게 해야 사업소득에 대한 세무조사를 피할 수 있게 된다.

Q. PCI시스템은 5년을 기준으로 작동하는가?

그렇지 않다. 기간은 10년이 될 수도 있다.

Q. 김 씨는 문제해결을 어떻게 해야 하는가?

구체적으로 다음과 같은 방식으로 소명하도록 한다. 물론 이때 근거서류를 첨부해야 한다. 만일 추가 소명을 하지 못한 경우에는 사업소득의 탈루가 의심되어 병원에 대한 세무조사로 확대될 수 있다.

총구입액	소명금액	소명부족액	추가 소명금액
50억 원	27억 원*	23억 원	예) 5년 이전 발생한 소득에서 발생한 저축 등

* 부채 10억 원+병원소득 17억 원=27억 원

Q. 만약 소명부족액이 국세부과제척기간을 벗어난 소득에서 온 것이라면 어떤 문제가 있는가?

사업자들의 경우 탈세에 의한 부과제척기간은 10년이다. 따라서 이 기간을 벗어난 탈루소득에서 온 자금임이 입증되면 해당 금액에 대해서는 세금을 추징할 수 없다.

Q. 국세부과제척기간을 벗어난 탈루소득이 큰 경우에는 세금추징은 할 수 없다. 그렇다면 다른 문제는 없는가?

이 경우에는 국세부과제척기간 내를 위주로 탈루소득 등을 찾아내 과세할 가능성도 높다. 이때 조세범처벌법 등이 적용될 가능성도 배제할 수 없다.

Q. 사업자 대출을 받아 주택을 구입하면 어떤 문제가 있는가?

대출금 회수 등의 조치를 적용받게 된다. 자세한 것은 은행 등을 통해 알아보기 바란다.

Tip 개인사업자의 자금출처 입증

개인사업자의 자금출처는 어떤 식으로 입증하는지 다음의 예규를 참조하자(서일 46014-11461, 2003. 10. 16).

[제목] 재산취득자금 등의 증여추정 시 자금출처로 인정되는 금액

[요약] 재산취득일이 속하는 사업연도의 소득금액 중 자금출처로 인정되는 금액은 비치·기장한 장부 등에 의하여 재산취득일까지 발생한 사실이 확인되는 금액으로 함.

[질의]
재산취득자금 등의 증여추정규정을 적용할 때, 재산취득일이 속하는 사업연도에 발생한 사업소득금액 중 자금출처로 인정되는 금액의 범위

〈갑설〉 연간소득금액을 재산취득일까지의 기간에 대해 안분한 금액을 자금출처로 인정한다.
〈을설〉 사업소득금액은 연도 말에 확정된 것으로 보아야 하므로 사업연도 중 취득한 재산의 자금출처로 인정될 수 없다.

[회신]
상속세 및 증여세법 제45조(재산취득자금 등의 증여추정)의 규정을 적용할 때, 같은법시행령 제34조 제1항 제1호의 규정에 의하여 신고하였거나 과세받은 소득금액은 취득자금의 출처로 인정받을 수 있는 것임. 이 경우 재산취득일이 속하는 사업연도의 소득금액 중 자금출처로 인정되는 금액은 비치·기장한 장부 등에 의하여 재산취득일까지 발생한 사실이 확인되는 금액으로 하되, 그 금액을 산정하기 어려운 경우에는 당해 연도의 소득금액을 재산취득일까지의 기간에 대해 안분한 금액으로 하는 것이 타당함.

자금출처조사 관련 알아둬야 할 것들 Q&A

자금출처조사와 관련해 궁금한 사항들을 Q&A 방식으로 정리해보자.

Q. 전세보증금에 대해서도 별도로 자금출처조사가 진행될 수 있는가?

그렇다. 일반적으로 전세보증금이 10억 원 정도가 되면 언제든지 조사할 가능성이 높다. 실제 이에 대해 자금출처조사를 진행한 적도 있었다.

Q. 앞의 전세보증금에 대해서는 증여세가 과세되는가?

실무적으로 쉽지는 않을 것 같다. 차용증으로 대비를 하기 때문이다.

Q. 공동 투자 시 명의신탁의 문제는 없는가?

사실상 공동 투자임에도 불구하고, 한 사람의 명의로 부동산을 취득하면 명의신탁의 문제가 있을 수 있다.

Q. 공동 투자 시 명의신탁의 문제가 없으려면 어떻게 해야 하는가?

투자에 대한 약정서를 만들어두는 것이 좋다.

Q. 공동 투자에 의한 이익 배당은 어떤 식으로 처리해야 하는가?

이는 이자소득에 해당하므로 27.5% 상당액을 원천징수해야 한다. 물론 이를 지급받은 자는 종합소득세 신고의무가 있다.

Q. 채권자가 불분명하면 원천징수세율이 90%까지 올라갈 수 있다고 하는데 이것은 무슨 내용인가?

이에 대해서는 다음의 규정을 참조하기 바란다.

※ 소득세법 제129조 [원천징수세율]

① 생략

② 제1항에도 불구하고 다음 각 호의 이자소득 및 배당소득에 대해서는 다음 각 호에서 정하는 세율을 원천징수세율로 한다.

  1. 생략

  2. 대통령령으로 정하는 실지명의가 확인되지 아니하는 소득에 대해서는 100분의 42. 다만, 「금융실명거래 및 비밀보장에 관한 법률」 제5조가 적용되는 경우에는 같은 조에서 정한 세율로 한다.

앞의 제2호에서 대통령령으로 정하는 실지명의란 다음을 말한다(소득세법 시행령 제188조).

① 법 제129조 제2항에 규정하는 "대통령령으로 정하는 실지명의"라 함은 「금융실명거래 및 비밀보장에 관한 법률」 제2조 제4호의 규정에 의한 실지명의를 말한다.
② 제1항에 따라 실지명의가 확인되지 아니하는 자는 법 제2조에 따른 거주자로 보아 법 제129조 제2항을 적용한다.

한편 소득세법 제129조의 제2항 제2호의 단서에서 언급된 "금융실명거래 및 비밀보장에 관한 법률(약칭 : 금융실명법) 제5조(비실명자산소득에 대한 차등과세)"는 다음과 같이 되어 있다.

"실명에 의하지 아니하고 거래한 금융자산에서 발생하는 이자 및 배당소득에 대하여는 소득세의 원천징수세율을 100분의 90(특정채권에서 발생하는 이자소득의 경우에는 100분의 20(2001년 1월 1일 이후부터는 100분의 15)}으로 하며, 「소득세법」 제14조 제2항에 따른 종합소득과세표준의 계산에는 이를 합산하지 아니한다."

결국 금융실명제법을 위반한 경우 원천징수세율이 상당히 높을 수 있다. 이는 주로 차명계좌와 관련이 있다.

Tip 차명계좌와 증여

세법은 2013. 1. 1 이후 신고하거나 결정, 경정하는 분부터 금융계좌에 보유하고 있는 재산은 명의자가 취득한 것으로 추정한다. 따라서 이 경우 배우자 명의의 계좌를 개설해 현금을 입금한 경우에는 그 입금한 시기에 증여한 것으로 추정한다. 결국 배우자 명의의 계좌로 입금한 것이 증여가 아닌 다른 목적으로 행해진 특별한 사정이 있는 경우라면 증여로 추정하지 않는 것이나, 그에 관한 입증책임은 이를 주장하는 납세자에게 있다.

※ 상증법 집행기준 31-23-2 [예금계좌에 입금된 현금의 증여시기]
증여목적으로 타인 명의의 예금계좌를 개설하여 현금을 입금한 경우 그 입금시기에 증여한 것으로 보는 것이나, 입금시점에 타인이 증여 받은 사실이 확인되지 않는 경우 혹은 단순히 예금계좌로 예치된 경우에는 타인이 당해 금전을 인출하여 사용한 날에 증여한 것으로 본다.

| 심층분석 ① | 소득금액증명원을 읽는 법

'소득금액증명원'은 주로 사업자들과 근로소득자들의 소득금액을 증명하기 위한 서류를 말한다. 이러한 증명원도 읽을 수 있어야 한다.

발급번호	소득금액증명		처리기간
	종합소득세 신고자용 연말정산한 근로소득(사업소득)자용		즉시
주소			
성명		주민등록번호	
			(단위 : 원)
소득구분	원천징수 의무자	소득금액 (과세대상급여액)	총결정세액
귀속연도	법인명(상호)		
	사업자등록번호		
접수번호	○ 소득금액내용		
담당부서	- 종합소득세 신고자 : 종합소득금액(결정소득금액)		
담당자	- 연말정산 근로소득자 : 과세대상급여액		
연락처	- 연말정산 사업소득자 : 사업소득금액		

Q. 소득금액은 무엇을 의미하는가?

A. 종합소득세 신고자의 종합소득금액으로, 사업소득 등 6가지 소득금액의 합계액을 말한다. 소득금액은 수입금액에서 필요경비를 합산한 금액을 말하므로 소득금액과 수입금액은 차이가 있다. 어

떤 자영사업자의 소득금액이 1억 원이라고 하자. 이러한 상황에서 이 사람의 연간수입은 다음과 같이 예측할 수 있다. 단, 해당 사업자의 장부를 통해 필요경비로 확인된 금액은 3억 원이라고 하자.

> 수입-필요경비=소득금액
> =x-3억 원=1억 원
> ∴ x=4억 원

결국 소득금액은 수입금액과 차이가 나는 것으로 수입에서 필요경비를 제외한 금액이라고 생각하면 된다.

Q. 종합소득세 신고자는 누구인가?

A. 거주자 개인에게 이자소득과 배당소득, 근로소득, 사업소득, 연금소득, 기타소득 등 6가지 소득이 있는 경우 종합소득세 신고 의무가 있다. 다만, 이 중 이자소득과 배당소득은 연간 2천만 원 초과 시, 사적연금소득은 1,200만 원 초과 시, 기타소득은 소득금액이 300만 원 초과 시에만 의무적으로 종합소득세 신고의무가 있다.

Q. 근로소득자의 경우 과세대상급여액은 무엇을 의미하는가?

A. 연말정산 근로소득자에게 해당하는 과세대상급여액은 전체 연봉에서 식대 같은 비과세 금액을 뺀 금액을 말한다. 따라서 전체 연봉이 얼마인지를 알기 위해서는 원천징수영수증을 별도로 보면 된다. 다만, 비과세 금액은 과세 연봉에 비해 10%를 벗어나는 경우가 없으므로 이런 부분을 감안해 연봉의 크기를 예측할 수 있다.

Q. 연말정산 사업자는 누구를 말하는가?

A. 자유직업소득자 중 보험설계사, 방문판매원 등을 말한다. 다만, 이들의 소득은 연간 7,500만 원 이하에 해당되어야 한다. 이를 초과하면 연말정산 후 별도로 종합소득세 신고를 해야 한다.

| 심층분석 ② | 부담부증여와 부채에 대한 사후관리

부담부증여는 '부채를 포함해 증여하는 방법'을 말한다. 따라서 부담부증여를 하면 부채가 개입되므로 이의 상환 시 증여추정에 따른 증여세 과세문제가 있다. 대략적인 내용을 살펴보자.

1. 부담부증여와 채무공제

상증법 집행기준(47-36-2)에서는 증여재산가액에서 차감되는 채무에 대해 다음과 같이 정하고 있다.

① 배우자 또는 직계존비속 간의 부담부증여에 대해서는 수증자가 증여자의 채무를 인수한 경우에도 그 채무액은 수증자에게 인수되지 아니한 것으로 추정한다.
② 배우자 및 직계존비속 등에게 양도한 재산을 증여로 추정하는 경우 당해 재산에 담보된 증여자의 채무가 있고, 동 채무를 수증자가 인수한 경우에도 ①과 같이 인수되지 아니한 것으로 추정한다.
③ 배우자 또는 직계존비속 간의 부담부증여의 경우에도 다음과 같이 채무가 객관적으로 인정되는 경우에는 채무로서 공제된다.

구분	채무의 입증 방법
① 국가·지방자치단체·금융기관에 대한 채무	당해 기관에 대한 채무임을 확인할 수 있는 자료
② ① 외의 자에 대한 채무	금융거래 증빙, 채무부담계약서, 채권자확인서, 담보 설정 및 이자 지급 관련 서류

상기와 같이 부담부증여로 인정받기 위해서는 다음과 같은 요건을 충족해야 한다.
첫째, 증여일 현재, 증여재산에 담보된 채무가 있어야 한다.
둘째, 담보된 당해 채무가 채무자 명의에 불구하고 반드시 실질적으로 증여자의 채무여야 한다.

셋째, 당해 채무를 수증자가 인수한 사실이 증여계약서, 자금출처가 확인되는 자금으로 원리금을 상환하거나, 담보설정 등에 의해 객관적으로 확인이 되어야 한다.

2. 부채의 사후관리

금융기관이나 또는 직계존비속 간에 부채가 발생하고, 이를 상환할 때에도 자금출처조사가 진행될 수 있다. 과세관청은 다음과 같은 훈령(상증세 사무처리규정 제50조)을 둬 부채에 대한 사후관리를 하고 있다. 부담부증여 시 발생한 채무는 다음 제1항 제1호 등과 관련이 있다.

① 지방국세청장 또는 세무서장은 다음 각 호의 어느 하나에 해당하는 경우 해당 납세자의 채무정보를 NTIS(엔티스)에 입력해야 한다.
1. 상속세 및 증여세의 결정 등에서 인정된 채무
2. 자금출처조사 과정에서 재산취득자금으로 인정된 채무
3. 기타 유사한 사유로 사후관리가 필요한 채무

② 지방국세청장 또는 세무서장은 상환기간이 경과한 채무에 대해 사후관리 점검을 실시해야 한다. 다만, 상환기간 경과 전이라도 일정기간이 경과한 장기채무로서 변제사실 확인이 필요한 경우 점검 대상자로 선정할 수 있다.[39]

③ 지방국세청장 또는 세무서장은 제2항의 부채 사후관리 대상자에게 해명할 사항을 기재한『부채 상환에 대한 해명자료 제출 안내(별지 제17호 서식)』와『권리보호 요청 제도에 대한 안내(별지 제25호 서식)』를 납세자에게 서면으로 발송해야 한다.

④ 지방국세청장 또는 세무서장은 사후관리 결과 채권자 변동이나 채무감소(변동) 등이 확인된 경우에는 즉시 그 내용을 NTIS(엔티스)에 입력해야 한다.

---

39) 1년에 1회가 원칙이나 6개월에 1회로 변경될 가능성도 높다. 문제가 있다고 판단되면 수시로 조사할 가능성도 배제할 수 없다.

| 심층분석 ③ | 자금출처조사를 불러일으키는 행위들

사회적으로 편법 상속이나 증여가 문제되고 있다. 이러한 상속이나 증여는 기회의 균등을 빼앗고, 공정한 사회와 역행하므로 사회적으로 지탄의 대상이 된다. 현실에서 볼 수 있는 편법 상속·증여유형에는 다음과 같은 것들이 있다. 물론 열거되지 않는 사례들도 상당히 많다. 구체적인 사례들은 국세청이 수시로 발표한 세무조사 결과에 대한 발표 자료를 참조하기 바란다.

1. 자녀에게 몰래 현금을 주는 경우
부모가 성년인 자녀에게 줄 수 있는 증여세 비과세 한도는 5천만 원이다. 따라서 이 금액을 넘어서면 증여세는 부과될 수밖에 없다. 결국 증여대상 금액이 5천만 원을 초과하면 증여세를 신고할 것인지, 아니면 하지 않을 것인지 고민에 쌓이게 된다. 현금증여의 경우에 적발될 가능성이 거의 없기 때문이다. 실제 ATM기를 이용해 현금을 빼서 몰래 주는 경우도 많다.

2. 현금 증여를 차입으로 위장하는 경우
부모가 자녀에게 현금을 실제 증여했으나 이를 위장하기 위해 부모와 자녀 간 차용증을 쓰는 경우가 있다. 이렇게 되면 현금증여는 문제가 없어지고, 차입이자에 대한 소득세 정도만 문제가 될 수 있다.

3. 전세보증금을 대납한 경우
자녀에게 전세보증금을 우회적인 방법 등을 통해 대납한 경우도 상당히 많다.

4. 자녀 명의로 취득하고도 증여세를 미신고한 경우
소규모 주택의 경우 자금출처조사 대상에서 제외되는 점 등을 이용해 증여세 신고를 누락하는 경우가 많다.

5. 자금출처원을 만들어주는 경우
자녀의 소득은 저축하고 생활비를 지원해주거나 부모의 회사에 적을 두고 급여를 수령하는 방식 등으로 자금출처원을 만들어두는 경우도 많다.

6. 부모가 몰래 채무를 갚아주는 경우
자녀가 갚아야 할 금융채무 등을 부모가 대신 갚아주는 경우도 있다.

7. 저가로 양도하는 경우
직계존비속 간에 저가로 양도하는 경우도 많다. 이는 주로 시가를 파악하기가 힘든 상황에서 많이 시도된다. 저가로 양도하면 양도소득세와 증여세 등을 줄일 수 있기 때문이다. 따라서 시가 파악이 쉬운 아파트를 제외한 재산에 대해 이 같은 시도들이 발생할 가능성이 높다.

8. 차명으로 거래를 하는 경우
다른 사람의 명의로 거래를 위장하는 경우도 있다.

9. 임종 전에 재산을 빼돌린 경우
보통 배우자가 있는 상태에서 상속재산이 10억 원을 넘어가면 상속세가 과세되는 것이 일반적이다. 따라서 이런 상황에서는 한 푼의 세금이라도 덜 내기 위해 상속재산의 일부를 은닉할 소지가 있다. 실무에서 보면 상속이 개시되기 전에 자금을 인출하는 경우가 빈번히 일어나는데 상속세 신고 시 다양한 문제를 일으킬 가능성이 높다.

1인 부동산 법인에 대한 자금출처조사

법인도 자금출처조사를 받는가?

지금까지 살펴본 내용들은 주로 개인들에 초점을 맞춘 자금출처조사 등에 대한 것들이었다. 그런데 요즘 1인 부동산 법인이나 가족 법인 등에 대한 정부의 규제방침이 가시화되고 있다. 그렇다면 실제 법인들은 어떤 상황에서 조사를 받을까?

1. 법인과 자금출처조사

앞에서 살펴본 자금출처조사는 현행 상증법 제45조에서 규정하고 있는데, 이 중 제1항만 살펴보자.

① 재산취득자의 직업, 연령, 소득 및 재산 상태 등으로 볼 때 재산을 자력으로 취득하였다고 인정하기 어려운 경우로서 대통령령으로 정하는 경우에는 그 재산을 취득한 때에 그 재산의 취득자금을 그 재산취득자가 증여받은 것으로 추정하여 이를 그 재산취득자의 증여재산가액으로 한다.

이 규정을 보면 재산취득자는 주로 개인을 의미하고 있다. 따라서 이로 보건대 법인은 이 규정을 적용받지 않는다고 결론을 내릴 수 있다. 다만, 개인주주에 대해서는 자금출처조사가 발생할 수 있다.[40)]

2. 법인에 대한 조사

그렇다면 법인에 대한 조사는 어떻게 이루어질까? 일단 신고한 신고서를 기반으로 내용에 심각한 오류나 탈루가 발견된 경우에는 일반적인 세무조사로 그렇지 않은 경우에는 사후검증으로 종결될 수 있다.

1) 사후검증

사후검증은 말 그대로 법인세 신고서를 바탕으로 세법을 위배했는지를 검증하는 것을 말한다. 직접 조사가 아닌 간접 조사의 한 수단에 해당하며, 요즘 점점 증가하는 추세에 있다. 실제 많은 세무서에서 법인세신고 내용의 적정성 여부를 검토하고, 불성실신고 혐의가 있는 법인을 대상으로 사후검증을 실시한다. 이외 관할 지자체에서 통보되는 자금조달계획서의 검증 내용에 따라 사후검증이 일어날 수도 있다.

---

40) 설립 시 주주가 납입한 자본금에 대한 출처조사가 시작될 수 있다.

2) 세무조사

법인세 신고 내용에 중요한 오류나 탈루 등이 발견된 경우 또는 관할 지자체에서 통보되는 내용에 따라 세무조사가 진행될 수 있다. 따라서 설립 초기에 있는 법인들은 조사의 가능성이 떨어진다.[41)]

> **Tip 법인에 대한 세무조사의 내용**
>
> 1인 부동산 법인에 대한 조사를 한다고 하자. 이 경우 무엇을 조사할까? 예상되는 내용들은 다음과 같다.
>
> ① 설립 시
> - 자본금 자금출처조사 : 자녀 등
>
> ② 운영 시
> - 수익과 비용 : 매출누락이나 임원 등 과다 및 가공인건비
> - 자금사용 : 법인 자금의 유용
> - 자산취득 : 특수관계인과의 고가 또는 저가거래 등
> - 부채조달 : 적정 이자에 따른 세무처리, 자금대여자의 자금 조성경위
> - 배당 : 상법상의 배당절차 등 준수 여부 등
>
> ③ 주식 이동 시
> - 양도·증여 등 : 세법상의 평가액과의 차이 등

---

41) 최근 법인에 대한 세무조사를 받은 경우는 주로 법인설립 개수가 많은 경우, 고가의 주택을 취득한 경우 등이 해당한다. 세법에 기초한 정기적인 조사가 아니라 정부의 부동산 대책의 일환에 의한 조사로 봐도 무방하다.

법인용 부동산거래신고서식이 별도로 신설된 이유는?

현행 부동산거래신고법에서는 개인이든, 법인이든 부동산 계약일로부터 30일 내에 부동산 거래에 대한 내용을 관할 지자체에 신고하도록 하고 있다. 그런데 현행의 부동산거래신고서는 법인에 대한 정보파악이 힘든 측면이 있다. 이에 최근 법인에 대해서는 별도의 신고서가 신설되었다. 좀 더 세부적인 내용들을 알아보자.

1. 법인 부동산거래신고서의 신설

1) 신설 취지

그간 개인과 법인을 별도 구분하지 않고, 모든 거래주체에 대해 단일한 신고서식을 사용해왔다. 이에 따라 법인 거래의 경우 거래 당사자인 법인의 특수성이 신고 내용에 충분히 반영되지 못하는 한계가 있었다. 특히 법인의 기본 정보, 법인과 거래 상대방 간의 특수관계 여부 등 불법·탈법행위 여부를 조사하기 위한 정보가 부족해 법인의 투기적 행위에 대한 대응도 제한적이었다. 이에 법인 부동산 거래의 투명성을 제고하고, 효과적인 실거래 조사가 이루어질 수 있도록 법인과 관련된 주요 정보가 포함된 '법인용 실거래신고서식'을 새롭게 마련해, 기존의 단일한 신고서식을 ① 개인용 실거래신고서식(서래 당사자 모두 개인인 경우 활용)과 ② 법인용 실거래신고서식(거래 당사자 일방 또는 쌍방이 법인인 경우 활용)으로 이원화했다.

2) 신설된 내용

법인용 실거래신고서식에서는 매도·매수인 기본 정보, 개업 공인중개사 정보, 거래대상물 정보 등 기존 신고사항 외에도 자본금·업종·임원 정보 등 법인에 대한 기본 정보, 주택 구입목적, 거래 당사자 간 특수관계(친족) 여부 등이 추가되었다.

> **예)** 아버지(매도인)가 아들이 임원으로 있는 법인(매수인)에 매도한 경우 거래 당사자는 특수관계에 해당

3) 적용 시기

법인에 대한 이번 개정은 2020년 6월 17일 관계부처 합동으로 발표한 '주택 시장 안정을 위한 관리방안' 후속조치의 일환으로 추진된 것으로, 동년 10월 27일부터 시행에 들어갔다.

3. 주의해야 할 사항들

신설된 법인의 주택거래 시 신고사항에는 다음과 같은 정보들이 포함된다. 어떠한 점에 유의해야 하는지 알아보자.

· 법인 기본 정보
  법인명, 설립시기, 소재지, 등록번호, 자본금, 업종, 임원 정보 등
· 주택구입 목적
  사업용, 비사업용 등 부동산 활용용도(법인 매수 시로 한정)
· 특수관계 여부
  거래 당사자 간 친족관계 여부(법인 임원 포함) 등

1) 법인의 기본 정보
법인의 기본 정보는 다음과 같은 의미가 있다.

· **법인명** : 기본적인 사항을 파악하기 위한 정보에 불과하다.
· **설립시기** : 설립시기가 얼마 안 된 법인이 부동산을 집중 매입하는 경우 세무조사의 우선 대상자로 선정할 수 있는 효과가 있다.
· **소재지** : 취득세 중과세 등을 판단할 때, 그리고 원정 투자 등을 하는 것을 견제할 수 있다.
· **등록번호** : 세원관리를 원활히 하기 위해 수집하는 정보에 해당한다.
· **자본금** : 자본금이 적은 경우 나머지는 차입금인데, 이 경우 대여자에 대한 조사로 연결될 가능성이 높다.
· **업종** : 부동산 매매업이 주업이라면 이는 조사 시 집중적인 타깃

이 될 수 있다. 한편 제조업 등을 영위하는 기업이 제조 등을 하지 않고, 비사업용으로 부동산을 과도하게 매입하는 경우에도 견제를 받을 수 있다.
- **임원 정보** : 주요 임원과 법인 간의 거래를 특정해 부당행위 등이 있었는지를 검증하게 된다.

2) 주택구입 목적
- **사업용** : 법인이 부동산을 취득하는 목적이 기숙사나 임대업용인 경우에는 조사에서 제외할 수 있다. 매매목적의 경우에는 사업용으로 봐줄 것인지의 여부는 별도로 확인할 필요가 있다.
- **비사업용** : 법인이 부동산을 취득하는 목적이 투자 등에 해당하는 경우에는 집중적인 감시를 받을 수 있다.

3) 특수관계 여부
- 거래 당사자 간 친족관계 여부(법인 임원 포함) : 자금관계, 저가양도 등에서 시가 등을 파악하기 위한 취지에서 해당 정보를 기록하게 한다. 세법상 부당행위계산의 부인제도나 상증법상 증여제도 등이 폭넓게 적용될 가능성이 높다.[42]

---

42) 법인에 대한 세법이 어려운 이유는 법인과 특수관계를 맺고 있는 개인과 법인에 대해 다양한 규정을 두고 있기 때문이다.

법인의 자금조달계획서 관련 개정 사항은?

현재 개인은 규제지역(투기과열지구 및 조정대상지역) 내 모든 주택, 비규제지역 내 6억 원 이상 주택 거래신고 시 '주택취득자금조달 및 입주계획서(자금조달계획서)'를 의무적으로 제출해야 한다. 하지만 법인의 경우에는 모든 거래에 대해 이를 제출하는 것으로 법이 개정되었다.

1. 자금조달계획서 제출 관련

1) 개정 취지

법인이 비규제지역 내 6억 원 미만의 주택을 구입하면 자금조달계획서 제출대상에서 제외되었다. 그 결과 정부에서는 이상거래 조사를 추진하는 데 있어 어려움이 있었다. 이에 법인에 대한 조사체계를 강화하기 위해 법인이 매수자인 거래신고건의 경우 거래지역

(규제·비규제) 및 거래가액에 관계없이 자금조달계획서를 의무적으로 제출하도록 관련 법이 개정되었다. 이에 따라 법인 주택거래의 자금조달 투명성이 강화되고, 이상거래 및 불법행위에 대한 보다 실효성 있는 점검이 가능해질 전망이다.

2) 자금조달계획서의 작성 및 제출

법인도 개인이 사용하는 자금조달계획서(145페이지 참조)를 작성해 계약일로부터 30일 내에 제출해야 한다. 이때 대표이사나 주주 등으로 차입한 돈은 차입금 란의 '그 밖의 차입금'에 표시하면 문제가 없다. 물론 차용증을 작성해 이를 제출해야 한다.

2. 거래증빙의 제출

투기과열지구 내에서 법인이 주택을 취득할 때에 무조건 거래증빙을 제출해야 한다.

> **Tip 법인 관련 부동산거래신고법**
> - 법인의 부동산거래신고서 서식이 바뀌었다.
> - 자금조달계획서를 무조건 제출해야 한다.
> - 투기과열지구 내에서는 거래증빙도 제출해야 한다.

점점 강화되는 정부의 규제 속에서 법인들이 주의해야 할 것들은?

법인에 대한 규제의 강도가 점점 거세질 전망이다. 따라서 한 번 찍히면 세무조사의 칼날을 피하기가 상당히 어렵게 된다. 그렇다면 앞으로 법인들은 어떤 점에 주의해야 할까? 사실 법인에 대한 세무는 그 내용이 상당히 방대해서 이를 일일이 열거하는 것이 쉽지 않다. 그래서 이 책에서는 대략적인 내용만 담기로 한다.[43]

1. 손익 거래

수입과 비용과 관련되어 발생한 거래에서는 주로 매출누락이나 가공경비, 그리고 과도한 경비 등이 문제가 된다. 특히 대표이사나 가족 등에게 지급한 경비는 법인의 규모가 크든, 작든 항상 문제가

---

[43] 기타 자세한 내용은 저자의 다른 책《1인 부동산 법인 하려면 제대로 운영하라!》에 충분히 설명이 되어 있으니 참고하기 바란다.

됨에 유의해야 한다.

1) 수입

수입은 매출에 해당하는 것으로 부동산의 경우 주로 거래상대방이 특수관계에 해당하는지, 거래가액이 적정한지, 이에 대한 대금 처리 등이 정확하게 이루어졌는지 등을 조사할 수 있다.

2) 비용

비용은 인건비부터 잡비까지 사업과 관련되어 발생하는 것이 일반적이다. 그런데 이 중 업무와 무관한 비용이나 임직원을 위해 과다하게 집행하는 비용 등이 문제가 될 수 있다. 특히 대표이사나 그의 가족에게 과도한 인건비를 지급하는 경우에는 이를 부인당할 가능성이 높다.

2. 자금거래

자금거래는 자금의 입출금에 관한 거래를 말하며, 법인의 자금을 업무와 관련 없이 지출하면 이를 가지급금으로 분류해 세법상 불이익을 주고 있다. 한편 대표이사 등으로부터 개인적으로 차입한 금전은 가수금으로 불린다. 향후 세무조사 시 이 두 가지 형태의 자금에 대해 조사가 집중적으로 발생할 수 있다.

1) 가지급금

법인이 대표이사 등에게 대여한 자금을 '가지급금'이라고 한다. 세법은 이러한 가지급금을 업무와 무관하게 대여한 자금으로 보고, 법에서 정한 이자율(4.6%)만큼 이자를 받도록 하고 있다. 만일 이를 지급받지 않으면 해당 금액을 법인의 이익으로 보고 법인세를 과세하며, 대표이사의 상여로 보아 세금을 추징하게 된다.

2) 가수금

법인이 대표이사 등에게서 자금을 차입하는 경우가 있다. 이러한 차입금을 보통 '가수금'이라고 한다. 이러한 가수금도 차입금으로 인정이 되나 이때 이자를 지급해야 하는지 등이 궁금할 수 있다. 이에 세법은 이자는 지급하지 않더라도 문제를 삼지 않는다.

다만, 이자를 지급하는 경우로서 이자를 경비로 인정받으려면, 우선 금전소비대차계약(차용증)을 맺어야 하며, 이때 계약서에 원금과 상환기간, 이자와 이자율, 이자지급시기 등을 기재해야 한다. 한편 지급한 이자에 대해서는 27.5% 상당액을 원천징수해야 한다. 참고로 개인이 담보를 제공하고, 법인이 차입하는 경우에도 법인에 관련된 차입금이라면, 이에 대한 이자도 비용처리를 할 수 있다. 실질이 중요함을 알 수 있다.

3. 자산과 부채거래

1) 자산거래

특수관계인과의 거래 시 세법상의 시가를 준수했는지 등에 따라 다양한 세금관계가 파생한다. 법인세법 시행령 제89조에서 규정하고 있는 시가에 대한 내용을 잘 이해하는 것이 중요하다.[44]

2) 부채거래

금융기관을 통한 차입거래는 문제가 덜하지만, 대표이사나 가족, 공동 투자 등에 의해 차입한 금액에 대해서는 상환부터 이자지급까지 모든 과정이 투명하게 전개되어야 한다. 만일 이를 놓치는 경우에는 다양한 세무상 쟁점이 파생함에 유의해야 한다.

※ 이자비용의 처리법

이자비용을 지급하는 쪽과 이를 받는 쪽의 세무처리법을 정리해보자.

① 지급하는 자

법인이 개인에게 이자를 지급할 때에는 지급금액의 27.5% 상당액을 원천징수한 후에 이를 과세관청에 신고해야 한다. 참고로 무이자로 약정한 경우에는 별다른 세무문제가 발생하지 않는다. 이자소득에 대해서는 부당행위계산부인규정이 적용되지 않기 때문이다.

② 지급받는 자

이자소득을 지급받는 개인은 이자와 배당소득을 합해 연간 2천만 원을 넘어가면 종합소득세 신고 및 납부의무가 있다.

---

44) 이에 대한 자세한 내용은 저자의 《1인 부동산 법인 하려면 제대로 운영하라!》, 《법인부동산 세무리스크 관리노하우》 등을 참조하기 바란다.

4. 자본거래

자본거래는 재무상태표상 자본계정과 관련해 발생하는 거래를 말한다. 주로 자본금과 관련해서는 주식의 양도 등에서, 이익잉여금과 관련해서는 배당금에서 주로 세무상 쟁점들이 발생한다.

1) 주식의 양도나 증여 등

법인의 주주가 주식을 양도나 증여 또는 상속할 때 다양한 문제가 발생한다. 예를 들어 세법에서 정하고 있는 주식 평가액에 비해 저가로 양도나 증여 등이 발생하면 주식 평가액을 기준으로 과세하게 된다. 이외에도 합병이나 증자나 감자 등을 할 때에 불균등하게 거래하면 세법이 어김없이 이에 개입한다.

2) 배당

법인의 잉여금은 배당할 때 상법이나 세법에 위배되면 세무상 쟁점이 발생할 수 있다. 예를 들어 주주 간에 불공평하게 배당을 하게 되면 초과배당액에 대해서는 증여세를 부과하는 식이 된다. 물론 자세한 내용들은 해당 규정을 참조해야 한다.

3) 청산

법인을 청산할 때에는 잔여재산가액에 대해 법인세와 배당소득세 등이 발생할 수 있음에 유의해야 한다.

※ 법인과 개인 간의 금전소비대차 계약서(차입 약정서) 샘플

금전소비대차 계약서

대여인　　　(이하 "갑"이라 함)과
차용인　　　(이하 "을"이라 함)은

아래와 같이 금전소비대차 계약서를 작성하고 각 조항을 확약한다.

제1조【거래조건】
　(1) 대여금액 :　　　　　원
　(2) 대여기간 : 20　년　월　일부터 20　년　월　일까지
　(3) 대여이자율: 대여금에 대한 이자는 '법인세법 시행령' 제47조로 정하는 이자율(　%*)로 지급할 것을 약정한다.
　　* 2021년 8월 현재 4.6%이다.

제2조【상환방법】 상환일 만료일에 전액 상환한다.

제3조【이자지급방법】 이자지급은 20　년　월　일로 한다.

20　년　월　일

대여인(갑) - 성　　　명 :　　　　(인)
　　　　　 - 주　　　소 :
　　　　　 - 사업자등록번호 :
차용인(을) - 성　　　명 :　　　　(인)
　　　　　 - 주　　　소 :
　　　　　 - 주민등록번호 :

| 심층분석 | 법인세 세무조사 사례

법인세에 대한 세무조사는 개인이나 개인사업자 등에 비해 훨씬 다양한 항목에서 이루어질 수 있다. 그래서 법인세 세무조사에 대한 방어가 힘들다. 다음은 법인세와 관련된 주요 조사 사례다. 물론 구체적인 것들은 저자 등과 상의하는 것이 좋을 것으로 보인다.

1. 매출 관련
① 매출누락의 경우

세무상 쟁점	법인조사 내용
· 매출을 누락한 경우 · 가공매출을 계상한 경우 등	· 법인세 신고서를 분석한다. · 세무조사 등을 통해 매출누락에 대해 집중적인 조사를 한다.

② 특수관계인 간에 거래한 경우

세무상 쟁점	법인조사 내용
· 특수관계인 간에 고가나 저가로 거래한 경우 · 무상으로 거래한 경우 · 고정자산을 특수관계인이 무상으로 사용수익한 경우	· 신고한 자료나 파생자료 또는 세무조사 등을 통해 관련 내용을 파악한다. · 법인세법상 부당행위계산의 부인규정을 적용한다. · 상증법을 적용하여 증여세를 부과하기도 한다.

〈사례〉
A가 법인에 고가로 부동산을 양도하면 법인의 관점에서 보면 부당행위가 되므로 고가와 시가의 차이상당액을 자산으로 인정하지 않고, 해당 금액을 법인의 대표이사에 대한 상여로 본다.

2. 비용 관련

① 가공비용의 경우

세무상 쟁점	법인조사 내용
· 자료상 등으로부터 가공세금계산서를 받아 비용처리한 경우	· 세금계산서 분석 등을 통해 가공혐의가 있는 거래처에 대해 거래처 추적조사를 실시한다.

부동산 법인의 경우 가공비용이 문제가 될 수 있다.

② 인건비(임원 등)의 경우

세무상 쟁점	법인조사 내용
· 가족의 급여를 가공으로 계상한 경우 · 임원의 급여나 퇴직급여를 세법상 한도를 초과해 계상한 경우	· 가공인건비에 대해서는 전액 부인한다. · 임원의 인건비는 관련 규정을 분석해 한도초과액을 계상해 이를 부인한다. ☞ 인건비의 비중이 높은 경우에는 집중적인 감사를 받을 가능성이 높다.

부동산 법인의 경우 근무하지 않는 자녀 등에게 급여를 지급하는 경우 문제가 발생할 수 있다. 대표이사 등 임원에 대한 급여지급은 세법상의 기준을 위배해서는 안 된다. 이러한 것들을 등한시하면 세무상 리스크가 올라간다.

③ 업무용 승용차 비용의 경우

세무상 쟁점	법인조사 내용
· 업무용 승용차 관련 비용을 과다하게 계상한 경우	· 세법상의 한도 규정을 확인해 과다하게 계상된 금액을 부인한다.

업무용 승용차에 대한 비용관리는 철저히 해야 한다. 고급차량에 대한 비용처리를 잘못하면 그만큼 리스크가 올라간다.

④ 접대비의 경우

세무상 쟁점	법인조사 내용
· 접대성 경비를 다른 계정과목으로 분산 처리한 경우 · 사적으로 접대비를 사용한 경우	· 신용카드 사용액에 비해 접대비 계상액이 적은 경우 접대비를 다른 경비로 분산, 처리한 것으로 보아 분석한다. · 사적으로 사용한 접대비가 있는지를 점검한다.

접대비를 다른 계정과목으로 돌려 처리하는 방식은 아주 고전적인 방식에 해당한다. 참고로 중소기업의 접대비 기본한도는 3,600만 원이다. 임대 법인은 이 금액의 절반만 인정된다.

⑤ 기타의 경우

세무상 쟁점	법인조사 내용
· 감가상각비 오류(기준내용연수 적용오류 등)가 발생한 경우 · 공동사업자 간에 경비를 자의적으로 안분한 경우 · 리베이트에 대한 회계처리가 누락된 경우 등	· 신고서 등으로 서면 분석한다. · 리베이트 등은 세무조사 시 집중 조사한다.

3. 자산 관련

① 부동산을 취득한 경우

세무상 쟁점	법인조사 내용
· 특수관계인에게서 취득한 경우 · 부대비용을 비용으로 처리한 경우	· 법인세 신고서를 분석한다. · 세무조사 등을 통해 거래가액에 대해 집중적인 조사를 한다.

② 법인자금을 사적으로 사용한 경우

세무상 쟁점	법인조사 내용
· 법인의 신용카드를 기업주 및 그 가족이 개인용도로 사용한 경우 · 상품권 등을 개인목적으로 사용한 경우	· PCI시스템 등을 이용해 기업주의 세금 신고세무상 쟁점과 재산취득·소비지출, 법인명의 신용카드 사용내역 등을 분석한다. · 상품권 구입명단 등을 활용해 사적으로 사용했는지 등을 검증한다.

상품권의 경우 이를 수령한 자에 대한 해명이 안 되면 경비부인 등을 당하게 된다.

③ 가지급금의 경우

세무상 쟁점	법인조사 내용
· 가지급금에 대한 인정이자를 누락한 경우 · 출자자에게 가지급금을 지급하고 타계정으로 처리한 경우 등	· 가지급금에 대한 인정이자를 신고서에 반영했는지 검토한다. · 신고서 등을 통해 가지급금을 현금이나 대여금 등으로 위장하고 있는지 검토한다.

가지급금이 발생하면 조기에 이를 회수하는 노력을 하는 것이 사후적으로 좋다.

④ 자금대여의 경우

세무상 쟁점	법인조사 내용
· 특수관계인에 대한 대여금을 변칙회계 처리한 경우 · 계열기업에 대한 자금지원을 정상거래로 위장 처리한 경우	· 가지급금 인정이자 및 지급이자 세무조정 누락 법인을 추출해 분석한다.

특수관계인에게 자금대여액이 큰 경우에는 세무조사 시 집중 타깃이 될 수밖에 없다. 부당행위에 해당되는 경우 인정이자 등에 대한 세금 추징을 할 수 있기 때문이다. 한편 특수관계에 있는 기업에게 자금대여나 투자를 했는데 손실이 발생한 경우, 이를 손비로 처리한 경우에도 세무조사에 의해 세금이 추징될 수 있다. 세무조사 과정에서 손실액이 부인되면 세금추징액도 상상 외로 커지므로 당사자들을 자금거래 전이나 손실처리 전에 반드시 이에 관련된 세무문제를 검토하는 것이 좋다.

4. 부채 관련
① 가수금이 있는 경우

세무상 쟁점	법인조사 내용
· 고액의 가수금을 보유하고 있는 경우 · 가수금을 장부에 가공계상한 경우 등	· 가수금이 과다한 경우에는 매출누락에 의한 것인지, 가공에 의한 것인지 등을 검토한다. ☞ 가수금 거래 시 차입약정서를 작성해 투명성을 확보한다. 또한 이자지급 시에는 반드시 원천징수를 이행하도록 한다(27.5%). 단, 가급적 무이자방식으로 일처리를 하면 원천징수를 하지 않아도 된다.

가수금도 자본으로 전입하는 것이 가능하다(상법).

② 가수금을 한 사람만 조달하는 경우

세무상 쟁점	법인조사 내용
· 주주 등 한 사람만 가수금을 조달하는 경우	· 다른 주주는 이익을 볼 수 있어 이에 대해서는 증여세 과세문제가 발생한다.[45]

---

45) 상증법 제45조의 5 [특정 법인과의 거래를 통한 이익의 증여의제] 규정을 참조하기 바란다.

부동산 법인을 운영 중에 특정 주주만 자금을 조달하는 경우, 그에 대한 이익을 다른 주주가 볼 수 있으므로 이에 대해 증여세 과세문제가 발생할 수 있다.

5. 자본 관련
① 회사 설립 시 자본금을 출자하는 경우

세무상 쟁점	법인조사 내용
· 자녀 등이 주주에 해당하는 경우	· 설립 시 출자한 자금에 대한 출처를 확인한다.

회사 설립 시 자녀 등이 주주로 등재된 경우 이의 자본금에 대한 출처조사를 받을 수 있다. 미리 증여세 신고 등을 해두는 것이 안전할 것으로 보인다.

② 증자 등이 있는 경우

세무상 쟁점	법인조사 내용
· 자본을 증자하거나 합병 또는 분할 등이 있는 경우	· 불공정한 증자나 합병 등이 있는지를 점검한다. · 합병 등에 의해 조세감면을 받은 경우 사후관리 요건을 위반했는지 등을 점검한다. ☞ 합병 등에 조세감면을 받은 경우 이를 확인하는 세무조사가 자주 등장한다. 주의하기 바란다.

③ 명의신탁 주식을 보유하고 있는 경우

세무상 쟁점	법인조사 내용
· 명의신탁주식을 보유하고 있는 경우	· 명의자의 주식취득자금에 대한 금융거래 확인조사 그리고 명의자의 재산·소득 세무상 쟁점 등을 조사한다. · 조세회피가 있었는지 등을 확인하기 위해 배당금 수령 및 종합소득세 신고 내용 등을 확인한다. · 명의신탁과 관련 쌍방의 진술서 및 확인서 등을 확보한다.

④ 배당을 하는 경우

세무상 쟁점	법인조사 내용
· 상법상의 배당절차를 지키지 않으면 업무무관 가지급금으로 보아 규제한다. · 주주 간에 초과배당을 하는 경우에는 미리 검토를 해야 한다.	· 배당을 할 때 상법 및 내부규정 등을 정확히 지켰는지를 조사한다.

배당은 지분에 따라 균등하게 하는 것이 원칙이나 초과배당도 허용된다. 다만, 초과배당액이 큰 경우에는 증여세 과세의 문제가 발생할 수 있으므로 이에 대해서는 미리 검토를 해야 한다.

6. 법인세 신고 관련
① 신고소득률이 하락한 경우

세무상 쟁점	법인조사 내용
· 최근 3년간 신고 내용 전산분석 결과 동일업종 및 동일규모의 다른 법인에 비해 신고소득은 떨어지고 비용지출은 증가한 경우 · 세무조사 후 신고소득률이 떨어진 경우 · 개인사업자가 법인전환 후 신고소득률이 떨어진 경우 등	· 직전 사업연도 대비 증감사항을 분석해 이상 항목을 도출하고, 그 원인의 분석 및 문제점을 검토한다. · 법인전환 후 신고소득률이 개인사업자에 비해 현저히 하락한 법인에 대해 성실신고 안내를 한다. · 최근 조사 받은 법인이 사업실상과 다르게 불성실하게 신고한 혐의가 있을 경우 다시 조사대상자로 선정한다.

② 부당한 세액공제나 세액감면을 받은 경우

세무상 쟁점	법인조사 내용
· 부당한 방법으로 중소기업 특별세액감면 등을 받은 경우 · 연구인력개발비 등에 대해 부당하게 세액공제를 받은 경우	· 중소기업 특별세액감면 등의 요건을 정확히 지켰는지 점검한다. · 연구인력개발비 세액공제를 받은 법인 중 연구개발전담부서가 없는 법인에 대해 안내한다. · 제출된 신고서류 등을 정밀분석한다. ☞ 최근 연구소를 설립해 세액공제를 받은 기업에 대한 세무조사가 자주 발생하고 있다. 주의하기 바란다.

7. 기타 최근의 이슈 관련
① 주택을 현물출자한 경우

세무상 쟁점	법인조사 내용
· 주택을 현물출자 하는 경우	· 2021년 1월 1일 이후부터 주택을 현물출자하면 이월과세를 적용하지 않는다. · 2020년 8월 12일 이후부터 부동산 임대업용 부동산을 현물출자하면 취득세 감면을 하지 않는다.

2021년 8월 현재 주택임대업을 포함한 상가·빌딩임대업 등 모든 임대업용 부동산에 대해서는 취득세 감면을 받을 수 없고, 주택의 경우 이월과세도 적용되지 않는다. 따라서 이들에 대해서는 현물출자에 의한 법인전환은 의미가 없게 되었다.

② 법인을 다수 설립하는 경우

세무상 쟁점	법인조사 내용
· 개인이 법인을 다수 설립하는 경우	· 조세회피의 가능성이 높아 세무조사 대상자로 선정을 한다.

☞ 기타 지방세에 대해서는 다음과 같은 조사 사례들이 있다.
- 부동산 취득 : 취득세 비과세, 과세표준의 범위(신축, 자본적 지출 등), 취득세 중과세율 적용 등
- 과점주주 : 간주취득에 대한 취득세 과세 등
- 지방소득세 : 법인 지방소득세 사업장별 안분계산 등

Tip 6·17대책과 법인규제

2020년 6월 17일에 발표된 정부의 6·17대책은 부동산 법인에 대한 대대적인 규제를 예고하고 있다. 주요 내용을 살펴보면 다음과 같다.

구분	내용	시행시기
1. 종부세율 인상	3주택 이상 : 단일세율(3.6% 등)	2021년
2. 종부세 공제금액 적용배제	6억 원 적용배제	2021년
3. 신규임대주택 종부세 과세 및 법인세 추가과세 적용	조정대상지역 내에서 취득한 주택	2020.6.18 이후 등록분부터 적용
4. 법인세 추가과세 인상	10% → 20%	2021년
5. 부동산매매업 법정 업종으로 관리		2022년
6. 법인 대출금지	주택임대업, 매매업 불문	2020. 7. 1
7. 법인 특별세무조사(자금조달계획서 미제출, 과열우려지역)	설립 후 6월 내 주택 매수, 과밀억제권 외 법인설립 후 주택 매수, 주택을 매수한 둘 이상의 법인의 대표자가 동일한 경우 등	기 추진 중
8. 법인거래 조사 강화	모든 거래 자금조달계획서 제출 등	2020. 8

제8장

자금출처조사 예방법과 셀프 증여세 신고법

자금출처조사 예방법은?

앞으로 부동산 시장을 규율하는 데 있어 부동산 거래신고와 자금출처조사가 핵심적인 제도로 자리 잡을 가능성이 높다. 이 중 전자는 조사의 범위에 한계가 있으나, 후자는 한계가 없어 부동산 거래 당사자들은 이 부분에 매우 유의할 필요가 있다. 그렇다면 거래 당사자 등은 어떻게 이에 대한 부담을 줄일 수 있을까? 앞의 내용들을 바탕으로 총정리를 해보자.

첫째, 자금출처원은 미리 만들어두는 것이 좋다.

앞으로 모든 재산을 취득할 때에는 본인의 자금으로 취득했음을 모두 입증한다는 자세로 이에 대한 출처를 미리 만들어두는 것이 좋다. 예로부터 부자들은 자녀나 손자 또는 손자가 태어날 때부터 이에 대비하는 경우도 많았다.

둘째, 직계존비속 간의 차입은 최소화하도록 한다.

직계존비속 간의 차입은 제도 정비를 통해 과세가 되는 방향으로 진행될 가능성이 높다. 예를 들어 차입이 아닌 증여로 볼 가능성도 높아지고, 이자소득에 대한 과세도 강화될 수 있다. 또한 부채에 대한 사후관리도 강화될 가능성도 높다. 따라서 앞으로는 가급적 직계 간의 차입거래는 최소화하는 것이 좋을 것으로 보인다.

셋째, 계좌관리를 투명하게 하는 것이 좋다.

부동산 취득자금은 금융계좌를 통해 입증해야 할 가능성이 높다. 이를 통해 각종 조사가 진행될 가능성이 높기 때문이다. 따라서 개인, 비거주자, 개인사업자, 영리법인, 비영리법인 등은 자금거래를 투명하게 할 필요가 있으며, 이 과정에서 차명계좌 등을 사용하지 않도록 하는 것이 좋을 것으로 보인다.

넷째, 세금은 제대로 신고해두는 것이 좋다.

사후에 문제가 되지 않으려면 소득세나 증여세 같은 세금을 제대로 신고해두는 것이 절대적으로 필요함을 알 수 있었다. 이때 신고에서 오류가 발생한 경우에는 수정신고를 하는 것도 고려해야 한다. 수정신고를 하면 신고불성실가산세를 90%까지 감면받을 수 있기 때문이다.

다섯째, 편법적인 방법은 사용하지 않도록 한다.

친척들한테 돈을 빌리는 방식, 법인을 끼고 자금을 비정상적으로 움직이는 행위, 탈세 등으로 숨긴 자금으로 재산을 취득하는 행위 등은 자칫 조세범 처벌로 연결될 수 있다.

여섯째, 권리구제 방법도 알아둬야 한다.

자금출처조사로 인해 파생되는 불이익이 매우 커질 수 있다. 따라서 이때에는 권리 구제방법 등도 알아둘 필요가 있다. 현행 국세기본법에서는 납세자가 위법 또는 부당한 처분을 받는 등 권리 또는 이익의 침해를 받은 경우 아래와 같은 불복제도를 두고 있다.

① 이의신청을 거치는 경우 : 이의신청(관할 세무서장을 대상으로 한다) 후 심사청구(국세청장을 대상) 또는 심판청구(국세심판원을 대상) 중 하나를 선택할 수 있다.
② 이의신청을 거치지 않은 경우 : 심사청구 또는 심판청구 중 하나를 선택할 수 있다.
③ 이외 앞에서 이 절차를 밟지 않고 감사원 심사청구를 바로 할 수도 있다.

Tip 계좌관리법 요약

- **개인** : 가족 간의 입출금은 증여로 볼 수 있으므로 불필요한 자금거래는 하지 않는 것이 좋다. 이외 차명계좌를 사용하지 않도록 한다.
- **개인사업자** : 반드시 국세청에 보고된 사업용 계좌를 통해 입출금을 정리한다. 차명계좌를 사용 시 불이익이 상당하므로 주의해야 한다.
- **법인** : 법인과 관련된 입출금은 반드시 법인계좌로 하도록 한다.

증여세 신고는 어떻게 하면 좋을까?

자금출처조사와 가장 관련성이 높은 세목은 바로 증여세다. 따라서 증여세만 제대로 신고한 경우라면 자금출처조사는 결코 무섭지 않을 것이다. 그렇다면 증여세는 어떻게 신고할까?

1. 증여사실의 확인

증여사실은 증여계약서에 의해 확인을 한다. 따라서 금전을 증여할 때에도 다음과 같은 계약서를 작성한다. 날인은 통상 인감으로 하되 인감증명서의 제출은 생략해도 무방하다.

※ **증여계약서(샘플)**

증여계약서

증여자 ○○○을(를) '갑'이라 하고, 수증자 ○○○을(를) '을'이라 해서 다음과 같은 내용의 증여계약을 체결한다.

증여재산의 표시

   1. 현금 (일금   정)

위 현금은 증여인의 소유인 바 이를 수증인 ____에게 증여할 것을 약정하고, 수증인은 이를 수락했으므로 이를 증명하기 위해 각자 서명날인 한다.

년   월   일

               증여인 ○ ○ ○
                      서울 ○○○ ○○○
             수증인 ○ ○ ○
                      서울 ○○○ ○○○

참고로 부동산을 증여하면서 증여계약서를 작성할 때에는 보통 증여가액 표시를 하지 않는다. 따라서 이 경우 취득세는 보통 시가표준액(기준시가)의 4%에서 결정된다. 다만, 부담부증여의 경우에는 채무액도 기록되어야 하므로 이때에는 다음과 같이 취득세가 결정된다.

- 시가(매매사례가액, 감정가액 등)로 신고하는 경우 : 채무에 대한 유상취득분은 시가를 기준으로 과세, 증여분은 시가표준액(기준시가)으로 과세
- 기준시가로 신고하는 경우 : 채무에 대한 유상취득분은 채무와 시가표준액(기준시가) 중 높은 금액으로 과세, 증여분은 시가표준으로 과세[46]

2. 증여세 신고서 작성방법

다음 자료를 바탕으로 증여세를 계산해보자.

〈자료〉
- 금회 증여재산가액 : 2억 원
- 5년 전 동일인으로 받은 사전증여재산가액 : 5천만 원

---

46) 부담부증여에 대한 양도소득세 및 취득세는 다소 복잡할 수 있다. 저자 등 세무전문가와 상의하기 바란다.

※ **증여세과세표준 신고서**

증여세과세표준 신고서

수증자	성명, 주민등록번호, 주소 등	
증여자	성명, 주민등록번호, 주소 등	
구분	금액	산출근거(실제 양식에는 없음)
증여재산가액	2억 원	시가가 원칙이나 예외적으로 보충적 평가방법을 사용
증여재산가산액	5천만 원	10년 내 동일인으로부터 받은 증여재산가액(합산 후 재정산)
비과세 등	0	국가 등으로부터 받은 증여재산가액 등
채무액	0원	증여재산에 담보된 채무로서 증여자가 인수한 채무액
증여세과세가액	2억 5천만 원	
증여재산공제	5천만 원	성년자 공제
과세표준	2억 원	
세율	20%	누진공제 : 1천만 원
산출세액	3천만 원	
세액공제	90만 원	-기납부세액공제 : 0원 -신고세액공제 : 3천만 원×3%
가산세	0	신고불성실가산세 : 미달신고세액의 20% 납부지연가산세 : 미달납부세액×미납기간×0.025%
납부할 세액	2,910만 원	1천만 원 초과 시 분납 가능

※ 구비서류
1. 증여자 및 수증자의 호적등본(제출 생략 가능)
2. 증여재산 명세서 및 평가명세서(부표)
3. 채무사실 등 기타 입증서류

20 년 월 일

신고인   (서명 또는 인)
세무대리인   (서명 또는 인)

○○세무서장 귀하

※ 증여재산 및 평가명세서

증여재산 및 평가명세서

재산구분	재산종류	소재지	수량(면적)	단가	평가가액	평가기준
증여재산가액	현금				2억 원	시가 (현금등가액)
증여재산가산액	현금				5천만 원	시가 (현금등가액)
합계					2억 5천만 원	

※ 작성방법
- 재산구분 : 증여재산가액, 증여재산가산액, 비과세 금액, 과세가액 불산입에 대한 구분을 말함.
- 재산종류 : 건물, 토지 등
- 평가기준 : 원칙적으로 시가에 의하되, 시가를 적용하기 곤란한 경우 기준시가로 함.

3. 증여세 신고서 제출방법

증여세 신고서는 다음과 같은 첨부서류와 함께 증여를 받은 자(수증자)의 주소지 관할 세무서에 제출한다. 방문이나 우편, 국세청 홈택스 홈페이지 등을 이용할 수 있다.

1. 증여재산 및 평가명세서(부표) 1부
2. 채무사실 등 그 밖의 입증서류 1부(사례의 경우 통장사본)

4. 증여세 신고서 제출기한

증여세 신고서는 증여일이 속한 달의 말일로부터 3개월 내에 신고 및 납부한다. 참고로 납부할 증여세가 1천만 원이 넘는 경우에는 2회로 나눠서 납부할 수 있다. 증여세에 대한 구체적인 내용에 대해서는 저자의 다른 책에 잘 정리가 되어 있다.[47]

Tip 상속세와 증여세율

상속세와 증여세율은 다음과 같다.

과세표준	세율	누진공제액
1억 원 이하	10%	-
1억~5억 원 이하	20%	1천만 원
5억~10억 원 이하	30%	6천만 원
10억~30억 원 이하	40%	1억 6천만 원
30억 원 초과	50%	4억 6천만 원

---
47) 《상속분쟁 예방과 상속·증여 절세 비법》, 《상속·증여 세무리스크 관리노하우》 등이 있다.

# 증여세 신고 시 주의할 것 중의 하나는 사전에 증여한 재산이 있는 경우다. 왜 그럴까?

증여세 신고는 누구든지 할 수 있지만, 이때 놓치기 쉬운 것들이 있다. 이 중 대표적인 것이 바로 사전에 증여한 재산가액을 합산에서 누락하는 것이다. 만약 이를 누락해 신고하면 가산세 등이 부과된다. 그렇다면 왜 이런 규정을 두고 있을까?

일단 사전에 증여한 재산가액을 합산하도록 하고 있는 상증법 제47조를 살펴보자.

① 증여세 과세가액은 증여일 현재 이 법에 따른 증여재산가액을 합친 금액(제31조 제1항 제3호 등 합산배제증여재산가액은 제외)에서 그 증여재산에 담보된 채무(그 증여재산에 관련된 채무 등 대통령령으로 정하는 채무를 포함한다)로서 수증자가 인수한 금액을 뺀 금액으로 한다.

② 해당 증여일 전 10년 이내에 동일인(증여자가 직계존속인 경우에는 그 직계존속의

배우자를 포함한다)으로부터 받은 증여재산가액을 합친 금액이 1천만 원 이상인 경우에는 그 가액을 증여세 과세가액에 가산한다. 다만, 합산배제증여재산의 경우에는 그러하지 아니하다.

③ 제1항을 적용할 때 배우자 간 또는 직계존비속 간의 부담부증여(제44조에 따라 증여로 추정되는 경우를 포함한다)에 대해서는 수증자가 증여자의 채무를 인수한 경우에도 그 채무액은 수증자에게 인수되지 아니한 것으로 추정한다. 다만, 그 채무액이 국가 및 지방자치단체에 대한 채무 등 대통령령으로 정하는 바에 따라 객관적으로 인정되는 것인 경우에는 그러하지 아니하다.

이 규정 중 제1항과 제3항은 증여재산가액에서 차감되는 채무(부담부증여)에 관한 사항을 정하고 있다. 채무에 대해서는 증여세를 부과하지 않는다는 것을 의미한다.

이 중 앞의 문제제기와 관련이 있는 제2항을 위주로 살펴보자.

첫째, 10년 이내에 동일인한테 증여받은 재산가액은 합산해 과세한다.

여기서 동일인에는 직계존속의 경우 그 배우자를 포함한다. 예를 들어 아버지로부터 1억 원, 어머니로부터 1억 원을 받았다면 이를 합해 2억 원을 증여받은 것으로 본다는 것을 말한다.

둘째, 사전에 증여한 가액을 합한 금액이 1천만 원 이상인 경우에만 적용한다.

따라서 이 금액 이하가 되면 합산과세가 적용되지 않는다.

셋째, 합산배제증여재산은 이 규정을 적용하지 아니한다.

이에는 다음과 같은 증여재산이 해당한다. 초보자의 관점에서 보면 내용 파악이 상당히 힘들 수 있다. 이러한 이유 때문에 실무자들이 증여세 공부를 상당히 힘들어 한다.

- 제31조 제1항 제3호 : 재산가치 상승에 의한 증여
- 제41조의 3 : 주식 상장에 따른 이익의 증여
- 제42조의 3 : 재산취득 후 재산가치 증가에 따른 이익의 증여 등

이상의 내용을 바탕으로 앞의 물음에 대한 답을 찾을 수 있다. 이는 증여횟수를 늘리게 되면 누진세율로 되어 있는 증여세를 낮출 수 있는데 이를 방지하기 위한 취지가 있기 때문이다.

Tip 상속세 합산과세

상속세를 낮추기 위해 사전에 증여한 경우에는 다음과 같이 합산과세를 한다.

① 상속인에게 사전에 증여한 재산이 있는 경우 : 상속 개시일로부터 소급해 10년 이내의 증여재산을 상속재산가액에 포함한다. 이 경우 가산되는 금액은 '증여일 당시의 가액'을 기준으로 한다. 한편 증여 당시의 증여세 산출세액은 상속세 계산 시에 공제된다.

② 상속인 외의 자에게 사전에 증여한 재산이 있는 경우 : 상속 개시일로부터 소급해 5년 이내의 증여재산을 상속재산가액에 포함한다.

상속인에 대해서는 민법 제1000조에서 다음과 같이 규정하고 있다. 통상 손자나 손녀가 상속인 외의 자가 된다.

① 상속에 있어서는 다음 순위로 상속인이 된다.
1. 피상속인의 직계비속
2. 피상속인의 직계존속
3. 피상속인의 형제자매
4. 피상속인의 4촌 이내의 방계혈족

② 전항의 경우에 동순위의 상속인이 수인인 때에는 최근친을 선순위로 하고, 동친 등의 상속인이 수인인 때에는 공동상속인이 된다.

③ 태아는 상속순위에 관해서는 이미 출생한 것으로 본다.

[별지 제10호서식](2020. 03. 13 개정)

증여세과세표준신고 및 자진납부계산서
(기본세율 적용 증여재산 신고용)

관리번호 [-   ]

[ ]기한 내 신고 [ ]수정신고 [ ]기한 후 신고

※ 뒤쪽의 작성방법을 읽고 작성하시기 바랍니다. (앞쪽)

수증자	① 성명		② 주민등록번호		③ 거주구분	[ ]거주자 [ ]비거주자
	④ 주소				⑤ 전자우편주소	
	⑥ 전화번호	(자택)		(휴대전화)	⑦ 증여자와의 관계	
증여자	⑧ 성명		⑨ 주민등록번호		⑩ 증여일자	
	⑪ 주소				⑫ 전화번호	(자택) (휴대전화)
세무대리인	⑬ 성명		⑭ 사업자등록번호		⑮ 관리번호	
	⑯ 전화번호	(사무실)		(휴대전화)		

구분	금액	구분	금액
⑰ 증여재산가액		㊱ 세액공제 합계 (㊲+㊳+㊴+㊵)	
⑱ 비과세재산가액		㊲ 기납부세액 (「상속세 및 증여세법」 제58조)	
과세가액 불산입 / 공익법인 출연재산가액 (「상속세 및 증여세법」 제48조)		세액공제 / ㊳ 외국납부세액공제 (「상속세 및 증여세법」 제59조)	
⑳ 공익신탁 재산가액 (「상속세 및 증여세법」 제52조)		㊴ 신고세액공제 (「상속세 및 증여세법」 제69조)	
㉑ 장애인 신탁 재산가액 (「상속세 및 증여세법」 제52조의 2)		㊵ 그 밖의 공제·감면세액	
㉒ 채무액		㊶ 신고불성실가산세	
㉓ 증여재산가산액 (「상속세 및 증여세법」 제47조 제2항)		㊷ 납부지연가산세	
㉔ 증여세과세가액 (⑰-⑱-⑲-⑳-㉑-㉒+㉓)		㊸ 공익법인 등 관련 가산세 (「상속세 및 증여세법」 제78조)	
증여재산공제 / ㉕ 배우자		㊹ 자진납부할 세액(합계액) (㉜-㊱+㊶+㊷+㊸)	
㉖ 직계존비속		납부방법	납부 및 신청일
㉗ 그 밖의 친족		㊺ 연부연납	
㉘ 재해손실공제 (「상속세 및 증여세법」 제54조)		현금 / ㊻ 분납	
㉙ 감정평가수수료		㊼ 신고납부	
㉚ 과세표준 (㉔-㉕-㉖-㉗-㉘-㉙)		「상속세 및 증여세법」 제68조 및 같은 법 시행령 제65조 제1항에 따라 증여세의 과세가액 및 과세표준을 신고하며, 위 내용을 충분히 검토했고 신고인이 알고 있는 사실 그대로 적었음을 확인합니다.	
㉛ 세율			
㉜ 산출세액			
㉝ 세대생략가산액 (「상속세 및 증여세법」 제57조)		년 월 일	
㉞ 산출세액계(㉜+㉝)		신고인 (서명 또는 인)	
㉟ 이자상당액		세무대리인은 조세전문자격자로서 위 신고서를 성실하고 공정하게 작성했음을 확인합니다.	
㊀ 박물관자료 등 징수유예세액		세무대리인 (서명 또는 인)	

세무서장 귀하

신청(신고)인 제출서류	1. 증여재산 및 평가명세서(부표) 1부 2. 채무사실 등 그 밖의 입증서류 1부	수수료 없음
담당공무원 확인사항	1. 주민등록표등본 2. 증여자 및 수증자의 관계를 알 수 있는 가족관계등록부	

행정정보 공동이용 동의서

본인은 이 건 업무처리와 관련해 담당 공무원이 「전자정부법」 제36조 제1항에 따른 행정정보의 공동이용을 통해 위의 담당 공무원 확인 사항을 확인하는 것에 동의합니다. ※ 동의하지 않는 경우에는 신청인이 직접 관련 서류를 제출해야 합니다.

신청인   (서명 또는 인)

210mm×297mm[백상지 80g/㎡]

신방수 세무사의
부동산 거래 전에 자금출처부터 준비하라!

제1판 1쇄 2020년 6월 25일
제1판 3쇄 2021년 8월 25일

지은이 신방수
펴낸이 서정희 **펴낸곳** 매경출판㈜
기획제작 ㈜두드림미디어
책임편집 배성분
마케팅 강윤현, 이진희, 장하라

매경출판㈜
등　록 2003년 4월 24일(No. 2-3759)
주　소 (04557) 서울시 중구 충무로 2(필동 1가) 매일경제 별관 2층 매경출판㈜
홈페이지 www.mkbook.co.kr
전　화 02)333-3577(내용 문의 및 상담)　02)2000-2636(마케팅)
팩　스 02)2000-2609　**이메일** dodreamedia@naver.com
인쇄·제본 ㈜M-print 031)8071-0961
ISBN 979-11-6484-132-5 03320

책값은 뒤표지에 있습니다.
파본은 구입하신 서점에서 교환해드립니다.

이 도서의 국립중앙도서관 출판예정도서목록(CIP)은 서지정보유통지원시스템 홈페이지(http://seoji.nl.go.kr)와
국가자료공동목록시스템(http://www.nl.go.kr/kolisnet)에서 이용하실 수 있습니다.
(CIP제어번호: CIP2020023901)

📍 부동산 도서 목록 📍

두드림미디어

가치 있는 콘텐츠와 사람
꿈꾸던 미래와 현재를 잇는 통로

Tel : 02-333-3577
E-mail : dodreamedia@naver.com